세 상 에 서   가 장   쉬 운

회의
퍼실리테이션

회의
퍼실리테이션

사카마키 료 지음 | 전경아 옮김

회의 기술의 기본부터 핵심까지 한 권으로 끝내기

이다미디어

평생 회의에 쓰는 3만 시간,
당신이 회의를 바꿀 수 있다!

'3만 시간.'

여러분이 일평생 회의에 쓰는 시간이다.

이 터무니없이 긴 시간을 상상해본 적이 있는가? 하루에 평균 10시간씩 사회활동을 한다고 치면 약 8년의 시간이 된다. 중요하니까 한 번 더 말하겠다. 여러분은 8년이라는 인생의 귀중한 시간을 회의에 바치는 셈이다.

여기서 잠시 생각해보자. 앞으로 8년이나 되는 시간을 여러분은 어떻게 보내게 될까? 일반 회사에서 흔히 볼 수 있는 회의 풍경은 어떤 모습일까?

점심시간 직후의 회의실.

조그만 회의실에 남자 여섯 명이 테이블을 에워싸고 앉아 있다. 대부분 말이 없는 가운데, 혼자 쉬지 않고 떠드는 남자가 있다. 과장이다. 고개를 숙인 채 서류에 시선을 고정하고 있는 모습이 영락없는 연설문 낭독자이다. (아아, 점심을 먹은 후엔 이 시간을 견디기가 더 힘들어……. 너무 졸려…….) 문득 옆을 보니 세 살 위 선배는 미간을 잔뜩 찌푸린 채 노트북을 보고 있다. 얼핏 보면 회의에 집중하는 것 같지만 딴짓을 하고 있다……. (딴 데 정신이 팔려 있네……. 나도 컴퓨터나 들고 올걸.) 문득 앞을 보니 또 다른 선배가 과장이 눈치채지 못하게 교묘한 자세로 자고 있다. '주, 죽인다! 저 기술, 나도 배우고 싶어……'라고 생각한 그때, "그럼, 오늘은 여기까지 할까"라는 과장의 목소리가 귓전을 때린다. 이제 끝이 난 모양이다……. 이거야 원, 이제야 겨우 업무에 복귀할 수 있게 됐네.

이런 회의를 했던 기억이 있지 않은가? 여러분도 3만 시간, 8년이라는 긴 시간 동안 이런 회의를 계속하게 되는 것이다. 이 절망적인 사실을 많은 직장인들이 깨닫지 못하고 있다.

여러분의 회의는 어떠한가? 회의가 끝났을 때, "의미 있고 생산적인 시간이었다"라고 말할 수 있을까? "우리 회의는 어디에 내놓아도 부끄럽지 않다!"라고 자신 있게 말할 수 있을까?

세상에는 회의와 관련된 책들이 무수히 나와 있다. 그런데 왜 우리의 회의는 좀체 나아지지 않는 것일까?

　시중에 나와 있는 수많은 서적이 대부분 비즈니스 미팅이나 사업 전략 회의 등 사내외 공식 회의를 주제로 하지, 매일 열리는 사내 소규모 회의에 관해서는 다루지 않는다. 그래서 독자로서도 "우리 회사에 적용하기에는 조금 난이도가 높네"라거나, "워크숍을 할 때나 참고로 할까"라고 생각하는 데 그친다.

　그런 책에 소개되는 방법론들은 수준이 아주 높다. SWOT(Strength, Weakness, Opportunity, Threat) 분석이나 3C(Customer, Company, Competitors) 프레임워크 등 일반 회의에 구사하기에는 너무나도 어렵다.

　또 일반 직장인의 눈높이에서 '따라 할 만한 대상'이 없기 때문에 회사 생활에서 적용하기가 쉽지 않다. 본 적도 없고 할 수도 없는 것을 상상하고 실천한다는 것은 구체성이 떨어질 뿐 아니라 현실적으로도 무리한 일이다.

　그러면 어떻게 해야 할까?

　나는 컨설턴트이자 혁신 프로젝트를 기획하고 지원하는, 요컨대 이노베이터(Innovator)이다. 그래서 컨설팅하는 과정을 통해 우리 회사(케임브리지)의 회의 방식을 고객사에 접목하는 경우가 많다. 그래서일까? 컨설팅이 끝날 무렵에는 어느새 고객사의 사내 회의가 효율적으로 변모한 것을 실감하게 된다.

　그런 과정을 거치는 동안 사내 회의를 몰라보게 변화시킨 한 고객이 했던 말을 여기에 소개하려 한다.

"케임브리지의 컨설팅을 받으며 느낀 것은 퍼실리테이션(Facilitation, 회의의 촉진과 소통)은 마법이 아니라는 점이다. 회의를 잘 이끌어가는 사람을 보고 있으면, 그런 사람에게는 타고난 소질이나 경험이 있을 거라 생각했다. 그런데 케임브리지를 통해 알게 된 것은 퍼실리테이션 기술을 배우면 누구나 회의를 '퍼실리테이션할 수 있다'라는 점이다. 우리는 그저 회의를 시작하는 방식이나 이끌어가는 방법을 몰랐을 뿐이다."

그의 말대로 회의를 하는 데 높은 수준의 스킬이나 재능은 필요 없다. '본받을 만한 대상'과 약간의 '시작하는 요령'이 필요할 뿐이다. 시중에 있는 책에는 '이것'이 결정적으로 부족하다. 바꿔 말해, '이것'만 갖추면 회의는 확실하게 달라진다.

이 책에서는 입사 2년 차 젊은 사원이 아주 작은 것부터 차근차근 개선해나가며 차츰 사내 회의를 변화시키는 모습을 현실적으로 그렸다. 사실 책의 내용은 실제 있었던 일을 토대로 기술했다. 100% 논픽션이라고는 할 수 없지만, 에피소드 하나하나는 나와 고객이 체험한 현장의 이야기를 거의 그대로 재현한 것이다.

무엇을 해야 회의가 달라질까? 어떻게 해야 회의가 달라질까? 주인공 스즈카와 아오이의 이야기를 통해 회의가 어떻게 혁신되어가는지를 체험해보기 바란다.

이제 회사에서 회의를 혁신할 주인공은 바로 당신이다.

1 장

첫 회의는
엉망이었다!

⠿ 상사와 엉터리 회의를 성토하는 퇴근 후 회식 자리

"이야, 과장이 없으니까 살 것 같아."

테이블에 앉자마자 가타자와 다케시(片澤武)가 말했다.

"어, 정말요? 난 과장님 좋던데."

메뉴를 보던 스즈카와 아오이(鈴川葵)가 웃으면서 말했다.

"그건 아오이가 우리 회의가 어떻게 진행되는지 몰라서 하는 소리야. 나도 회식 때는 과장님이 싫지 않다니까."

이곳은 도쿄 신바시의 뒷골목에 위치한 조그만 선술집이다. 부서회식이 끝난 후, 미즈구치 과장이 먼저 귀가를 하고 남은 별동대만이오붓하게 2차를 열었다. 이럴 때, 상사에 대한 뒷담화는 아주 좋은 안줏거리가 된다.

"가타자와가 말한 대로야. 난 회의 시간 외에도 과장님이 별로이긴 하지만. 아, 여기요! 생맥주 사람 수대로 주세요!"

고다 마사후미(幸田雅史) 주임이 메뉴도 보지 않고 주문을 넣었다.

"우리 회의가 그렇게 별로인가요?"

"응? 아, 스즈카와는 아직 회의에 참석한 적이 없구나. 우리 회의는 진짜 거지 같아. 주례회의는 과장 혼자 떠드는 독주회라고 생각하면 돼."

고다는 간사이 지방 출신답게 입이 꽤나 거칠다.

"맞아요. 애초에 뭘 논의하려고 모였는지조차 모르겠다니까요."

가타자와도 한마디 거들었다.

"뭘 논의하고 싶은지, 아마 본인도 모를걸. 오늘 회의도 과장이 궁금해하는 사안을 생각나는 대로 질문만 했지, 제대로 논의한 건 없잖아. 그게 뭐야. 그냥 질문 시간이었잖아."

고다가 쉬지 않고 불만을 토해냈다.

"드라마에서 회의하는 장면을 보면 중요한 걸 결정하는 자리여서 그런지 긴박한 공기가 감도는 느낌이던데……."

아오이가 점원에게 생맥주 세 잔을 받아 들며 말했다.

"그건 드라마잖아. 우리에게 회의는 그저 시간 낭비일 뿐이야. 그놈의 회의 탓에 이렇게 야근하지 않으면 안 되는데도, 과장님은 되레 야근을 줄이라고 잔소리를 하잖아. 야근이 줄지 않는 건 과장님의 장황한 회의 탓이라고!"

평소 회식 자리에서는 분위기를 띄우는 역할을 하던 가타자와가 여느 때와 달리 불만을 드러냈다. 쌓였던 불만이 폭발한 모양이다.

"난 이제 포기했어. 과장님을 바꾸는 건 무리야. 회의에서는 '딴짓'이나 하면서 내 살길을 찾는 수밖에."

고다가 냉소적인 표정을 지으며 말했다. 가타자와가 한마디 거들었다.

"주임님이 과장님 눈을 피해 딴짓하는 걸 보면 놀라워요. 지켜보노라면 감탄사가 절로 나온다니까요. 하아, 그나저나 좀 더 제대로 된 회의를 할 수는 없을까요? 다른 회사도 다 비슷하려나?"

"아, 그리고 보니 제 친구도 이번에 전직했는데."

말없이 맥주를 마시며 듣고만 있던 아오이가 마침 생각났다는 듯이 말했다.

"꽤 큰 회사에 들어갔었거든요. 그런데 '앞으로 몇십 년을 이렇게 재미없이 살 수는 없잖아'라고 하더라고요. 날마다 회의 스트레스에 시달리는 게 너무 힘들다나? 그런 이유로 전직하다니, 저는 아깝다고 생각했지만요."

"그렇군, 난 그 친구의 기분을 알 것 같아. 회의는 진짜 재미없거든."

가타자와가 맥주를 들이켠 뒤 덧붙였다.

"참, 아오이도 내일부터 주례회의에 들어오지?"

입사 2년 차에 접어든 아오이였으나 지금까지는 회의다운 회의에 참석한 적이 없었다. 내일 열리는 매주 주례회의가 정식 데뷔 무대라고 할 수 있었다.

"네……. 그런데 왠지 불안해요."

"괜찮아, 괜찮아. 조금 졸릴 뿐이야…….."

"딴짓하면 졸리진 않아. 으하하."

"하, 웃음도 나오질 않네요……."

직장인들이 술김에 털어놓는 불만과 함께 신바시의 밤도 깊어갔다.

그날 밤 늦은 시각.

집에 돌아온 아오이는 그때까지 자지 않고 자신을 기다리고 있던 아빠에게 2차 술자리에서 있었던 일을 털어놓았다. 아오이는 나이가 제법 들었는데도 아빠와 사이가 좋았다. 특히 사회 초년병이 되고 나서는 아빠와 대화를 나누는 기회가 부쩍 늘었다. 일과 관련해서만큼은 엄마보다 말이 잘 통하고 유익한 조언도 많이 받았기 때문이다. 물론 대화가 일방적인 훈시나 잔소리로 이어질 때도 있지만…….

"2차에서 과장님에 대한 뒷담화가 장난이 아니었어요. 상사에 대한 불만은 직장인의 특권이라고들 하는데, 다들 하고 싶은 말을 거침없이 하더라고요. 특히 회의에 대한 스트레스가 심했어요."

"회의에 대한 불만을? 난 싫어. 혼자서 실컷 말해봤자 아무것도 바뀌지 않으니까."

"저도 별로 좋아하지 않아요. 하지만 어쩔 수 없잖아요. 상사와 선배가 털어놓는 불만을 들어주는 것도 저 같은 신참이 할 일인걸요."

입을 삐죽 내밀며 아오이가 말했다.

"어쩔 수 없다는 건 핑계야. 업무를 가지고 불평하기 전에 개선하려고 노력해야지."

"아차……."

아오이가 쓴웃음을 지었을 때는 이미 늦었다.

아빠는 컨설팅회사에 근무하는 컨설턴트로 평소 대기업의 업무 혁신을 담당했다. 그래서인지 회사 업무를 개선하는 데에 대한 아빠의 집착은 보통이 아니었다. 거의 직업병에 가까웠다. 아오이가 어린 시절부터 뭔가 불만을 말할 때마다 "그럼 바꾸자!", "어떻게 바꾸면 좋을까?"라고 말을 꺼냈다. 그런 말이 나올 정도가 되면 아빠는 쉽게 물러나는 법이 없었다.

"'아차'라니? 반응이 왜 그래? 직장인들이 평생 들이는 회의 시간이 얼마나 되는지 알고나 있니?"

"취해서 생각 안 나요. 내일 다시 생각하기로 해요. 안녕히 주무세요."

아오이는 '아, 시작됐다'라고 속으로 중얼거리며 아빠의 시야에서 황급히 벗어났다.

ⅹ 엉망진창 부서 회의를 처음으로 경험하다

(아, 졸려……)

이튿날, 한낮의 포근한 날씨 속에서 아오이는 주례회의의 세례를 받았다.

이곳은 아오이가 소속된 일본네트워크파트너스(NNP) 본사 빌딩 20층 유지관리부 회의실. 아오이 앞에는 하염없이 서류를 읽고 있는 과장 미즈구치와 그걸 진지하게 듣고 있는 직원들이 앉아 있다.

미즈구치는 고객서비스과 과장이다. 거대 IT 기업의 대열에 이름을 올린 NNP사 내에서도, 고객 기업의 문의를 받아 트러블에 선제 대응하는 부서가 고객서비스과다. 그 산하에는 전화로 불만이나 문의 사항을 접수하는 콜센터팀과, 기술적 지식과 기능이 필요한 문의에 대응하는 기술지원팀, 신규 유지보수 계약에 대한 서비스 내용을 설계하고 제안하는 기획팀이 있다.

일주일에 한 번 열리는 주례회의를 통해 고객의 문의 사항을 고객서비스과 전체가 공유한다. 보통은 기술지원팀의 고다와 기획팀의 가타자와가 주로 참석하는데, 이번에 기획팀에 소속되어 있는 입사 2년 차인 아오이도 회의에 들어가게 되었다. 처음에는 "다음 주부터 주례회의에 들어오면 좋겠군"이라는 미즈구치 과장의 말에 "나도 조직의 일원으로 인정받게 되었구나"라고 기뻐했으나, 막상 참석해보니 그 자리는 소문대로 고행의 자리였다.

"다음 문의는 2015년 6월 12일 12시 12분, A사의 시스템 담당자가 전한 문의 사항으로 '통화 녹음 결과가 들리지 않는다'라는 내용이었습니다. 오퍼레이터가 매뉴얼대로 장애를 진단한 결과, 고객의 조작 실수라는 것이 판명돼 본 건은 완료되었습니다. 다음 문의는⋯⋯."

미즈구치 과장이 자료를 줄줄이 읽어 내려갔다.

비좁은 회의실에서는 서류를 열심히 읽고 있는 미즈구치 과장과 뭔가 불만 가득한 표정을 짓고 있는 일곱 명의 직원들이 자리를 메우고 있었다. 큼직한 모니터 디스플레이에 테이블과 책상만 있는 일반적인 회의실이다. 도심의 번화가에 자리한 이 빌딩에서는 창문 너머로 즐비한 고층 빌딩숲이 한눈에 들어왔다. 아오이는 졸음을 쫓아내려고 멍하니 창문 밖으로 시선을 돌렸다.

(미즈구치 과장님은 얼마나 더 계속할 셈이지……. 아, 졸려. 스카이라인이 장관이네.)

아오이는 회의와는 전혀 관계없는 생각을 하며 졸음을 참았다. 그 사이에도 미즈구치는 쉬지 않고 말했다.

"……이 문의는 지금 대응하고 있나? 그러고 보니 이 건은 어떻게 됐지, 고다?"

"네? 아, 네네. 그게 말이죠……."

(어, 가타자와 선배가 졸고 있네?! 저러다 과장님에게 혼날 텐데. 하지만 나도 졸린 걸…… 어젯밤 두 사람이 말했던 회의가 이런 거였나…….)

미즈구치의 질문, 고다의 대답, 다시 미즈구치의 질문……. 두 사람만의 질의응답이 한동안 계속되는 가운데, 다른 과원들은 각자 자신의 노트와 노트북으로 회의와는 관계가 없는 일을 하고 있었다. 이것이 이른바 딴짓이라는 것인가? 그런 생각을 하면서 아오이는 어제 아빠가 했던 말을 떠올렸다.

(그럼 나도 평생 회의 시간을 계산해볼까…….)

입사 7년 차인 가타자와는 주례회의를 포함해 매주 세 번가량 회의에 참석한다. 15년 차인 고다는 거의 매일. 미즈구치 과장은 거의 하루 종일 회의에 참석하는 상황이다. 직급이 위로 올라갈수록 회의가 늘어나는 구도로 보인다.

(음, 대충 계산하면······.) 아오이는 노트에 계산을 해보기 시작했다.

입사한 지 10년째까지는 일주일에 3번이고 2시간씩, 50주라고 치
면 10년에 3,000시간.

11년째부터 20년째까지는 일주일에 5번이고 2시간씩, 50주라고 치
면 10년에 5,000시간.

21년째부터 30년째까지는 일주일에 5번이고 8시간씩, 50주라고 치
면 10년에 2만 시간.

(약 3만 시간?! 평생 노동 시간이 7.5만 시간이라고 하던데, 회사 인생의 40퍼센트가 회
의란 말이야? 그런 엄청난 시간 동안 이렇게 졸린 회의를 견디지 않으면 안 된단 말이야?)

아오이가 아찔함을 느끼고 있을 때, 미즈구치가 토해내듯이 말했다.

"그러면 오늘의 주례회의는 이상이다. 뭐 질문이라도 있나?"

"······."

미즈구치가 잠시 틈을 두고 기다렸으나 일곱 명의 직원들은 하나
같이 고개를 숙인 채 한 마디도 하지 않았다.

"그럼, 다음 주 같은 시간에 보자고. 모두 수고했어."

미즈구치의 말이 끝나기가 무섭게 과원들이 우르르 회의실을 빠져
나갔다. 아오이도 밖으로 뛰쳐나가 크게 심호흡을 했다.

"음. 회의실 밖은 시원하네요. 공기가 상쾌해요. 선배, 아까 졸았죠?"

아오이가 웃으면서 함께 회의실을 빠져나온 가타자와에게 말을 걸

었다. 가타자와는 아오이가 NNP사에 입사한 직후부터 줄곧 챙겨준 선배였다.

"어? 눈치챘어? 어제 얘기한 대로지? 저럴 거면 메일로 공유해주면 좋잖아. 답답한 회의실에 계속 있었더니 피곤하다."

"피곤하다니, 푹 주무셨잖아요!"

"그렇긴 하지. 하지만 나는 시간을 쓸데없이 낭비하는 걸 싫어해. 그것만으로도 피곤하다고. 뭐, 일단은 회의가 끝났으니 업무에 복귀하자. 할 일이 산더미지? 오늘은 한 시간 반이나 시간을 낭비했으니까 더 힘내야 해."

"네."

아오이는 대답하면서 왠지 모를 어색함을 느꼈다.

('업무에 복귀한다'라니 회의는 일이 아니라는 말인가? 뭐야……? 일 년 전 입사 때 가졌던 회사 이미지와는 완전히 딴판이잖아.)

신입사원 연수를 마치고 기술본부에 배치된 것이 딱 1년 전의 일이었다. 도심 한복판에 자리한 25층짜리 자사 빌딩이 있는 NNP사. 인터넷과 전화 회선 등의 네트워크 관련 비즈니스를 주력으로 하며, 올해 창립 50주년을 맞이했다. 네트워크 구축과 관리 수요가 안정적이고 경영 상태도 비교적 건실했다. 누구나 인정하는 일류 기업이다.

아오이도 자신이 몸을 담을 일류 기업에서 어떤 일을 할 수 있을지, 어떤 유능한 선배들이 기다리고 있을지 잔뜩 기대했다.

(하지만 생각했던 것과 전혀 다르네…….)

주례회의에 참석한 아오이는 실망감을 감추지 못했다. 미즈구치 과장이 문의 내용을 줄줄이 읽어 내려가는 동안 다른 팀원은 입도 뻥긋하지 않았다. 아오이가 드라마에서 보고 상상한 뭔가를 결정하는 회의, 서로 활발하게 의견을 주고받는 회의와는 거리가 멀었다.

아오이와 가타자와가 자기 자리로 돌아가서 다음 일을 하려는 순간, 별안간 미즈구치의 목소리가 들려왔다.

"가타자와. 방금 전에 정한 안건, 잘 부탁해."

가타자와는 한쪽 눈썹을 치켜 올리며 상기된 목소리로 말했다.

"네? 무슨 말씀이신지?"

"이봐, 무슨 말씀이냐니? 다들 회의에서 정한 안건을 알고는 있는 거야? B사의 문의에 대해 영업부서에 연락해서 어떻게 대응할지 협의하기로 방금 회의에서 결정했잖아?"

"……아, 네. 알겠습니다. 이제 이해했습니다."

"매번 뭐 하는 짓이야? 이거야 원."

덩치가 큰 미즈구치가 몸을 흔들며 자기 자리로 돌아가자 가타자와가 불만스러운 표정을 지었다.

"정해진 안건이 뭐였지? 잘 모르겠는데, 젠장."

아오이는 두 사람이 주고받는 대화를 곁에서 지켜보면서 서로 벽에다 대고 말한다는 느낌을 받았다. (그렇게 시간을 들여 여러 사람이 회의를 했는데 뭐가 정해졌는지 아무도 모르다니. 확실히 선배가 말한 대로 시간 낭비구나……. 하지만 일류 기업의 회의라는 게 원래 이런 건지도 모르잖아.)

아오이는 억지로 자신을 타이르면서 회의하는 동안에 쌓인 메일을 처리하기 시작했다.

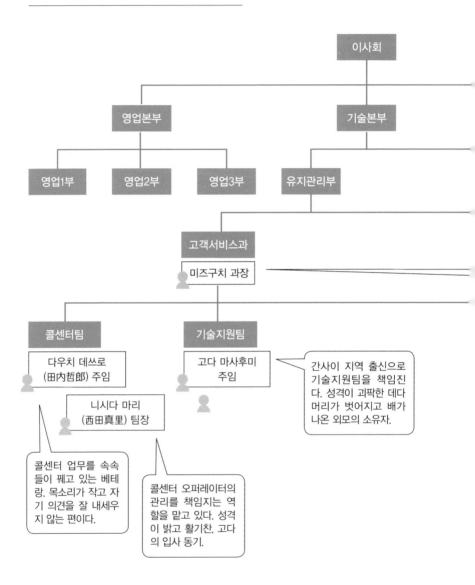

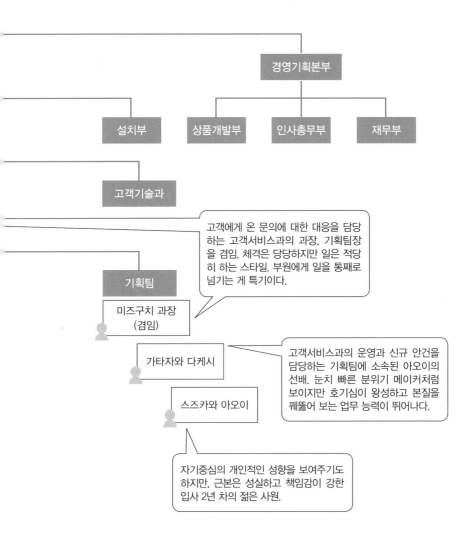

경영기획본부

설치부　　상품개발부　　인사총무부　　재무부

고객기술과

기획팀

미즈구치 과장
(겸임)

고객에게 온 문의에 대한 대응을 담당하는 고객서비스과의 과장, 기획팀장을 겸임. 체격은 당당하지만 일은 적당히 하는 스타일. 부원에게 일을 통째로 넘기는 게 특기이다.

가타자와 다케시

고객서비스과의 운영과 신규 안건을 담당하는 기획팀에 소속된 아오이의 선배. 눈치 빠른 분위기 메이커처럼 보이지만 호기심이 왕성하고 본질을 꿰뚫어 보는 업무 능력이 뛰어나다.

스즈카와 아오이

자기중심의 개인적인 성향을 보여주기도 하지만, 근본은 성실하고 책임감이 강한 입사 2년 차의 젊은 사원.

2 장

확인하는
퍼실리테이션을
시작하다

ː '퍼실리테이션'이란 무엇인가?

"엄마, 내 말 좀 들어봐요."

금요일 저녁, 아오이는 부엌 식탁에 앉자마자 엄마에게 회사에서 있었던 일을 털어놓았다. 아오이는 부모와 함께 산다.

"오늘 회의 시간에 졸린 것 참느라 혼났어요."

"그래, 힘들었겠다."

저녁을 차리면서 엄마가 대답했다.

"한 선배는 내 옆에서 내내 졸았고."

"후후후, 다음번에는 선배를 꼭 깨워줘야겠구나. 그나저나 자면서 월급 받다니 좋겠네."

엄마는 부드러운 말투로 비수를 날렸다.

"으~~, 나는 안 잤어요! 평소에 하는 일도 어렵고 힘든데, 첫 회의는 더 재미가 없더라고요. 입사 전에 상상하던 것과 전혀 달랐어요. 하지만 쉬운 일이 아니니까 월급도 주는 거겠죠? 그러니 열심히 일하는 수밖에 없죠."

"호오, 부서 회의가 선배들이 말했던 대로였나 보지?"

거실에서 신문을 읽고 있던 아빠가 대화에 끼어들었다.

"회의가 재미없으면 재미있고 충실한 회의로 바꾸면 되잖니?"

아빠가 서슴없이 원론부터 말했다. 아빠는 좋은 것은 무엇이든 받아들이는 성격인 데다, 자신의 원칙에 따라 빈틈없이 행동하는 합리주의자이다. 기업의 업무 혁신을 선도하는 컨설턴트다운 조언이었다. 하지만 아오이는 집에서조차 불도저처럼 밀어붙이는 아빠의 말투가 조금 거슬렸다. 또 어젯밤에 이어서 잔소리인가. 아오이는 넌더리를 내면서도 식탁 맞은편에 앉은 아빠를 향해 몸을 틀었다.

"하지만 일류 대기업에서 하는 건데, 설마 그렇게 엉터리 회의를 하겠어요?"

"그럴까? 난 늘 대기업과 일을 하지만 제대로 회의하는 곳을 본 적이 없어. 앗! 오늘은 새로운 메뉴인가 보네?"

아빠는 저녁을 보고 기쁜 표정을 지으며 의미심장한 말을 했다.

"그래요?"

"응. 근데 어제 말한 '평생 회의 시간'은 생각해봤니?"

"회의 중에 생각해봤어요."

"제법인데. 회의 시간에 딴짓한 걸 축하한다!"

"뭐예요, 놀리지 마세요!"

아오이는 평생 회의 시간이 대략 3만 시간이나 된다는 것, 회사 인생의 40퍼센트를 차지한다는 것, 그리고 그렇게 생각하니 아찔했다는 것을 털어놓았다.

"엉터리 회의를 하면 할수록, 그 시간만큼 쓸데없는 고행을 하는 거야."

그 말에 아오이는 입을 삐죽 내밀었지만 말없이 고개를 끄덕였다. 확실히 아빠 말이 맞았다.

"인생에서 수면 시간이 20~30퍼센트를 차지한다고 보면 상당한 비율이야. 회의가 고행이라면 매일 악몽에 시달리며 자는 것과 다를 게 뭐가 있어? 아빠라면 그런 인생은 절대 사양이다."

"그건 너무 극단적인 비유인 데다 억지스러워요. 하지만 내가 상상하는 회의를 한다면 회사 일이 즐겁고 좋을 텐데."

"네가 상상하던 회의는 어떤 회의였는데?"

"음. 입사하기 전에 상상했던 회의는 드라마에 나오는 것처럼 프로젝트를 기획하고 멋지게 프레젠테이션하는 회의. 그리고 모두가 자유롭게 의견을 나누다 마지막에 책임자가 단호하게 '이걸로 합시다! 결정!' 하고 마무리하는 회의요."

"그렇구나. 그렇다면 지금은 어디가 마음에 들지 않지? 잠시만, 노트 좀 가져올게."

컨설턴트로서의 직업병인지, 진지하게 뭔가를 듣거나 생각할 때, 아빠는 어김없이 노트에 적었다. 다시 말해, 본격적으로 아빠가 나서

겠다는 증거이다. 이렇게 되면 이제 아빠 말을 얌전히 따르는 수밖에 없다.

"오늘 주례회의는 이런 상황이었어요⋯⋯."

아오이가 회의의 모습을 전하자 아빠는 노트에 '주례회의 상황'이라고 쓰고, 그 아래에 주요 내용을 조목조목 메모하기 시작했다.

〈주례회의 상황〉

정해진 안건이 명확하지 않다.

- 결국 아무것도 정해지지 않은 것과 같다.
- 뭔가 정해지긴 했으나 구체적인 업무로 연결하기는 쉽지 않다.

"하하하. 잘못된 회의의 전형이구나. 이런 회의는 '퍼실리테이션(facilitation)'하는 사람이 있으면 아주 몰라보게 좋아지지."

"퍼실리테이션이오? 응, 들어본 적은 있어요. 회의를 진행하는 사회자가 프레임워크나 포스트잇을 써서 주제에 대해 논의하는 거죠? 회의를 즐겁게 하자는 느낌이랄까. 하지만 신입인 내가 갑자기 '프레임워크를 가지고 이야기합시다'라고 말할 수는 없잖아요."

"뜻밖인데, 공부 좀 했구나. 물론 네 말이 틀리지는 않아. 하지만 약간 오해가 있어."

아빠는 진지한 표정으로 이어서 말했다.

"퍼실리테이트는 '촉진한다, 쉽게 한다'라는 의미를 갖고 있단다. 회의 등 비즈니스의 목표 달성을 위한 활동을 촉진한다는 뜻이지. 그래서 회의 퍼실리테이션은 '회의를 촉진한다, 회의를 쉽게 한다'라는 의미야. 회의는 뭔가를 결정하는 모임이잖아? 그러니까 뭔가를 결정하는 걸 촉진하거나 쉽게 하는 기술로 이해하면 될 거야. 그러기 위해 이런저런 궁리를 한다, 그게 퍼실리테이션이야."

아빠가 퍼실리테이션에 대해 설명하면서 노트에 키워드를 적었다.

"프레임워크는 퍼실리테이션 기법 중 하나에 불과해. 그것만으로 회의가 촉진된다고는 할 수 없어. 무엇보다 전문가조차도 프레임워크를 구사하기는 쉽지 않아."

"오, 정말 잘 아시네요."

아오이는 아빠의 얼굴과 노트를 번갈아 보면서 감탄한 듯이 말했다.

"아빠는 퍼실리테이션을 위주로 컨설팅을 하고 있다고 말하지 않앉니? 프로 퍼실리테이터라고. 일본네트워크파트너스 같은 대형 고객사의 회의를 퍼실리테이션하는 게 내 일이지."

아빠는 약간 의기양양한 표정을 지었다.

"전혀 몰랐어요……. 하지만 나랑은 관계없어요. 회사에 가서 '퍼실리테이션을 하겠습니다'라고 말할 수도 없거니와, 회의할 때 나 같은 신입이 하는 말을 누가 들어주겠어요?"

"회의를 바꾸고 싶지 않아? 어차피 할 거면 즐겁게 하는 게 좋잖아! 매일 악몽에 시달려도 괜찮겠니?"

아오이는 얼굴을 찡그리며 반론했다.

"됐어요. 처음부터 사람들 앞에 나서기 창피해요. 게다가 난 아빠처럼 적극적이고 에너지 넘치는 사람이 아닌걸요. 괜찮아요, 지금 이대로도. 내가 회의를 바꾼다는 건 무리예요."

아무래도 아빠의 적극적인 성격까지 닮지는 않은 모양이다.

"괜찮다니까! 좋아, 아빠가 퍼실리테이션 기술을 가르쳐줄게. 다음 회의에서 그것만이라도 한번 시도해봐. 그래도 아무것도 바뀌지 않으면 그때 포기해도 좋아. 하지만 아무것도 하지 않고 포기하는 건 안 돼!"

아빠는 고집도 세고 집요하게 아오이를 설득했다.

"정말 싫은데……."

"난 컨설팅뿐 아니라 퍼실리테이션도 직접 가르치고 있어. 수강생은 몇십만 엔이나 내고 수업을 듣는다니까. 내 딸이니까 그걸 공짜로 가르쳐줄게."

- **퍼실리테이트 :**
  쉽게 한다, 촉진한다.

- **퍼실리테이션 :**
  어떤 목표를 달성하기 위한 활동을 촉진하고 쉽게 하는 기술.

- **회의 퍼실리테이션 :**
  회의의 주제나 결과를 빠르고 쉽게 결정하게 하는 기술.

"제가 특별히 부탁한 것도 아니고……."

"좋아, 만약에 회사 회의가 달라지면 고급 레스토랑에 가족끼리 저녁 먹으러 가자."

"어머, 좋잖니! 아오이, 열심히 해보지그래?"

저녁 식사 준비를 하던 엄마가 불쑥 말을 꺼냈다.

"엄마, 남의 일이라고 막……."

입을 삐죽 내밀고 항의했으나 엄마는 듣는 둥 마는 둥 했다.

"가끔은 가족끼리 외식하고 싶어. 아오이, 네 도시락도 내가 늘 싸주잖아. 나이도 들 만큼 들었으니 직접 싸도 되는데……."

아오이는 괜히 긁어 부스럼 만들겠다 싶어 얼른 엄마의 말을 막았다.

"응……. 그럼 내가 뭘 하면 돼요?"

아오이는 다시 아빠를 향해 고개를 틀었다.

✕ 컨설턴트 아빠의 퍼실리테이션 강의 시작

"그러면 쉬운 것부터 천천히 하자. 네가 지금이라도 당장 할 수 있는 게 있어. 바로 회의가 끝나는 타이밍에 '정해진 안건, 해야 할 일'을 확인하는 거야."

아빠는 다시 노트에 메모를 시작했다.

"어? 그거뿐이에요?"

"그래. 회의는 뭔가를 결정하는 것이잖아. 그러면 회의가 끝날 무렵에는 '정해진 안건'과 '해야 할 일'이 결정되겠지? 그런데 네 선배는 주례회의에서 영업부서에 연락한다는 '해야 할 일'이 생겼는데도 알지 못했어. 만약 회의가 끝나기 전에 다시 확인했더라면 달랐을 거라 생각하지 않니?"

"아빠 말이 맞아요. 하지만 그건 회의 중에 과장님이 하는 말을 똑바로 듣지 않았던 선배 잘못 아니에요?"

"그게 핵심이야. '듣지 않았으니 잘못이다'라는 수준에서 그칠 게 아니라, 그렇게 되지 않게 회의하는 기술. 그게 퍼실리테이션이야. 마지막에 정해진 안건을 확인하면 가타자와 군이 도중에 얘기를 듣지 않았다 해도 문제없잖아?"

아빠가 하는 말은 사리에 맞기는 했으나, 아오이는 선뜻 수긍하기가 힘들었다.

"음. 그러니까 '오늘 회의에서는 이런 안건이 정해졌군요'라고 확인한다는 말이에요? 그러다 과장님이 내가 회의 내용을 이해하지 못하고 있다고 생각하면 어떡해요? 게다가 확인한 내용이 틀리면요?"

"확인한 게 틀려도 상관없어. 내용이 틀리면 누군가가 정정해주겠지? 그게 중요해. 그냥 회의를 마치게 되면 내용을 잘못 안 사람은 잘못 안 채 회의가 끝나버리는 거지."

"그건 그렇지만……."

"말을 꺼내기 어려우면 이렇게 말해봐. '제가 잘 이해했는지 확인

〈주례회의 상황〉

정해진 안건이 명확하지 않다.

• 결국 아무것도 정해지지 않은 것과 같다.
• 뭔가 정해지긴 했으나 구체적인 업무로 연결하기는 쉽지 않다.

<퍼실리테이션 테크닉>

1. '정해진 안건', '해야 할 일'을 확인한다.

하고 싶습니다. 오늘 정해진 안건은 이것과 이것이고, 해야 할 일은 이거라고 이해했는데 맞습니까?' 이 정도면 말할 수 있겠지?"

"음, 그 정도라면."

아오이는 아빠의 성화에 못 이겨 겨우 고개를 끄덕였다.

"그러면 이걸로 '아오이 퍼실리테이터 만들기 회의'를 마치도록 할까? 자, 방금 회의에서 정해진 안건을 확인해야지."

"이 자리가 언제부터 회의가 된 거죠. 어, 그러니까… 이렇게 정리하면 되나요?

오늘 정해진 안건은,

- 다음번 회의에서 '정해진 안건'을 확인하면 가족끼리 고급 레스토랑에 저녁을 먹으러 간다

해야 할 일은,

- 다음 회의가 끝날 즈음에 '정해진 안건', '해야 할 일'을 확인한다

이런 내용인가요?"

"봐, 잘할 수 있잖아. 다만 해야 할 일을 말할 때는 '누가, 언제까지, 무엇을 하는가?'를 명확히 하는 게 좋아. 방금 네가 한 말에는 '누가'가 빠져 있어. 양쪽 모두 '아오이가'가 들어가야겠지."

"네."

"그리고 또 하나. 정해진 안건은 '회의가 달라지면 아오이는 가족과 함께 레스토랑에 저녁 먹으러 간다'야. 다음 회의에서 정해진 안건을 확인만 해서는 안 돼. 지속적으로 실천할 수 있어야지."

"에? 너무한데요."

아오이가 볼멘 얼굴을 하자마자, 엄마가 회의를 마무리하려는 듯이 말했다.

"이제 적당히 좀 마무리하자고요. 자, 식사 시간입니다."

아빠의 일기 1
· · · · · · · · · ·

아오이에게 의욕이 좀 생긴 듯하다. 아오이는 옛날부터 소극적인 성격이니까 너무 밀어붙이면 오히려 거부할 수도 있어. 좀 더 전해주고 싶은 말이 있지만 이 정도에서 그쳐야지……. 그럼, 잊어버리기 전에 다음에 할 말을 적어두기로 하자. 시간이 나는 대로 하나하나 가르쳐야겠다.

기본을 철저히 해내기는 쉽지 않다

오늘 알려준 것은 단순히 '확인한다'라는 것뿐이다. 지극히 기본적인 내용이라 어려운 것도 없다. 하지만 세상에서 기본적인 확인을 철저히 하는 회사는 극소수에 불과하다. '고작' 확인이지만 '그럼에도' 확인이다. 확인한 만큼 확실하게 효과가 있다. 반대로 기본적인 확인 정도도 하지 못한다면 다른 뭘 해도 안 된다. 우선은 확인을 철저히 하는 데 집중했으면 한다.
아오이는 시동이 늦게 걸리지만 일단 시작하면 우직하게 끝을 보는 타입이다. 의외로 잘 해낼지도 모른다.

퍼실리테이터는 꼭 중립이어야 하는가?

아오이가 살짝 언급했는데 보통 퍼실리테이터를 중립의 입장이라고 한다. 확실히 텔레비전의 정치 토론 등을 보면 중립의 입장에서 진행하는 퍼실리테이터의 활약상을 볼 수 있다. 그 사람들은 자신의 의견을 주장하지 않으면서, 토론 참가자들의 의견을 끌어내거나 정리하는 데 주력한다.

하지만 일반 기업에서 그렇게 하기는 어려우리라. 중립 입장인 퍼실리테이터에게 사회를 맡기면 회의할 때마다 다른 부서나 사외에서 사람을 불러야 하니 현실적이지도 않다. 회사 회의라면 퍼실리테이터는 자신의 의견을 갖고 적극적으로 발언해도 된다. 다만, 책임자라도 자신의 의견을 밀어붙이는 건 금물이다. 의견을 말하는 자신과 객관적으로 퍼실리테이션하는 자신을 구분할 줄 알아야 한다.

예를 들어 회의의 결론을 도출할 때도 "A안보다 B안이 좋아요"라고 말하는 게 아니라, "A안과 B안, 어떻게 하면 더 나은 안을 선택할 수 있을까요?"라고 말해야 한다.

새로운 시도를 할 때는 저항이 따른다

지금까지와는 다른 것을 하려고 하면 반드시 저항이 발생한다. 이것은 인간의 생리이고 자연의 섭리라 어쩔 수 없다. "그런 건 나중에 확인해"라거나, "그런 것도 몰라?", "시간이 아깝다"라며 딴죽을 거는 사람이 많다. 그런 반응에 굴복하지 말고, 웃는 얼굴로 "미안합니다, 바로 끝내겠습니다"라고 얼렁뚱땅 넘기며 확인하면 된다.

그렇게 계속하다 보면 누구도 불평하지 않을 것이다. 효과가 있을뿐더러 정해진 안건이 명확해지니 머지않아 회의 내용을 확인하지 않으면 찜찜한 기분이 든다. 그러면서 회의가 조금씩 개선되는 것이다. 그렇게 되기까지 힘내기 바란다.

자, 아오이는 어디까지 해낼 수 있으려나…….

⁞ '숨은 퍼실리테이션'으로 회의를 확인하다

아빠의 강의를 들은 지 2주가 지났다.

지난주에 두 번째 주례회의가 있었다. 전날은 긴장으로 잠을 설쳤고, 당일에는 말을 꺼내기가 두려워서 결국 아무것도 하지 못하고 회의를 마쳤다. 회의 분위기는 지난번과 별반 다르지 않았다. 다시 일주일이 지나고 오늘이 세 번째 주례회의다. 변함없이 미즈구치 과장이 회의 주요 안건을 줄줄 읽어 내려갔다.

"다음 문의 사항은……? 아아, 스위치 관련 문의인가, 최근에 많네. 기술에 대해 상세히 알지 못하는 콜센터 오퍼레이터가 직접 대응할 수 없으니 스위치 관련 문의 전화는 기술지원팀 직원이 바로 회신할 수 있게 조치를 취하는 게 좋겠네. 콜센터 오퍼레이터에게 알려야겠군."

"그렇군요."

가타자와가 맞장구를 쳤다. 오늘은 자지 않을 모양이다.

"그 건은 이 정도로 정리하자고. 처리 완료. 이어서 클레임이 되는 안건이군. '갑자기 회선이 다운되어 전화가 끊어졌다'라는 문의가 왔는데, 전화를 받은 오퍼레이터가 대응을 잘못해서 클레임이 된 건이야. 오퍼레이터와 어떤 대화를 나눴는지 확인하고 싶은데."

"……."

미즈구치의 독백과도 같은 평소 화법 때문이었는지 아무도 대답하지 않았다.

"과장님, 이 오퍼레이터는 어제부터 여름휴가입니다."

회의실의 누군가가 말했다.

"그래? 나도 어서 여름휴가를 가고 싶군. 담당자가 누구인지 확인해줘. 그러면 다음 문의는……."

평소대로 회의는 지루하게 계속되다가 미즈구치의 한마디로 마무리되었다.

"그럼, 이걸로 주례회의를 마칩시다. 질문 있나?"

회의에서 정해진 안건을 확인하려면 이 타이밍밖에 없다. 그 순간, 아오이의 긴장 게이지가 극도로 높아졌다.

(숨을 못 쉬겠어……. 왜 확인만 하는데도 이렇게 가슴이 뛰는 거지? 하지만 여기서 말을 하지 않으면……. 3만 시간이나……. 그건 싫어! 하지만, 역시, 어떻게 하지…….)

"아……, 과장님, 확인하고 싶은 게 있는데 괜찮을까요?"

아오이는 극도로 조심스레 말을 꺼냈다.

"제가 잘 이해했는지 알기 위해 오늘 정해진 안건, 앞으로 해야 할 일을 확인하고 싶습니다만……."

"뭐 하는 거야? 벌써 끝난 거 안 보여? 이쪽은 일이 쌓였다고!"

고다가 짜증 난 목소리로 말했다. 통통하게 살찐 얼굴이 딱딱하게 굳어졌다. 하고 싶은 말을 솔직하게 말하는 건 좋지만 가끔은 좀 심하게 느껴진다.

(아아아, 역시 하지 말 걸 그랬어! 아빠 바보, 바보……. 차라리 울고 싶다…….)

아오이가 마음속에서 외쳤다. '아니요, 괜찮습니다. 죄송합니다!'라는 말이 목구멍까지 차오른 순간, 가타자와가 말했다.

"참, 저도 확인하고 싶은 게 있습니다."

(살았다! 고마워요, 선배!)

"가타자와도 궁금한 게 있다니까 확인하는 정도야 괜찮겠지?"

미즈구치는 고다를 힐끗 쳐다보았다.

고다가 말없이 팔짱을 끼고 눈을 감자 아오이가 정해진 안건을 신중하게 확인하기 시작했다.

"어, 정해진 안건은,

• 스위치 관련 문의는 기술지원팀에서 바로 확인 전화를 할 것

　해야 할 일은,

• 그 방침을 콜센터 오퍼레이터에게 알릴 것

• 클레임 안건에 관해서는 오퍼레이터가 어떤 대응을 했는지 조사할 것

　이라고 이해했는데 맞습니까?"

가타자와가 고개를 끄덕이며 맞대응을 하는 동안 옆에서 잠자코 있던 기술지원팀의 리더 고다가 눈을 떴다.

"무슨 말이야? 오퍼레이터에게 알린다고?"

"뭐야? 듣지 않았구나. 아까 분명히 말했잖아."

미즈구치가 말했다.

"정말이오……? 그러면…, 누가 알리죠?"

"그야 물론 가타자와겠지?"

"네? 제가 해도 상관은 없지만 이왕 시킬 거면 정확하게 지시해주세요. 안 그러면 제 일인지 어떻게 알아요?"

별안간 이야기의 불똥이 자신에게 튀자 가타자와는 놀란 표정을 지었다. 누군가는 해야 할 일 정도로만 생각했지, 자신이 해야 할 일인 줄은 몰랐던 것이다.

"그러면 클레임 안건에서 오퍼레이터 대응 경위는 확인하지 않아도 됩니까? 여름휴가를 갔으니 확인할 수가 없다고 해서 그걸로 끝난 줄 알았습니다."

"본인이 없어도 녹음된 통화 기록을 확인하면 되잖나. 고다 주임, 확인해놔."

"아, 네네. 알겠습니다."

고다가 약간 장난기 섞인 말투로 대꾸하면서 수첩에 메모했다.

그 사이에 아오이는 아빠의 조언을 떠올렸다. (누가, 언제까지, 무엇을 하는지 확인해야 한다고 했는데…… '언제까지'가 없네.)

"저, 기한은 어떻게 할까요?"

미즈구치의 낮고 굵은 목소리가 회의실을 가득 메웠다.

"두 안건 다 다음 주례회의까지."

"알겠습니다. 마지막으로 하나 더 확인하고 싶은데요.

정해진 안건은,

- 스위치 관련 문의는 기술지원팀에서 바로 확인 전화를 할 것

해야 할 일은,

- 이 방침을 오퍼레이터에게 알릴 것, 가타자와 씨가 담당하고 기한은 다음 주 례회의까지

- 클레임 안건에 관해서는 녹음된 통화 내용을 조사해 오퍼레이터의 대응 경위를 확인할 것, 고다 주임이 담당하고 기한은 다음 주례회의까지

라는 내용인데 맞습니까?"

"맞아. 모두 잊지 말고 잘 부탁해."

그렇게 말하고 미즈구치는 커다란 몸을 흔들며 성큼성큼 회의실을 나갔다.

직원들도 지루한 회의에서 해방되자 앞다투어 출구를 빠져나갔다. 후끈한 열기가 남아 있는 회의실에는 가타자와와 아오이 두 사람만 이 남았다.

"같은 회의를 하면서 서로 이렇게 생각이 달랐다니."

의자와 책상을 원래 자리에 돌려놓으며 가타자와가 낮게 읊조렸다.

"정말이에요. 과장님이 정확하게 지시하지 않으니까 헷갈려요."

아오이도 가타자와의 의견에 동조했다.

"그렇지? 내가 해야 할 일을 모르고 있었잖아. 아오이가 확인하길 잘했어. 덕분에 살았다."

"정말요? 저야말로 도와주셔서 감사합니다. 처음에 고다 주임님이

화를 내니까 어떻게 해야 할지 모르겠더라고요."

아오이는 고개를 숙였다.

"천만에. 주임님이 좀 솔직해서 그렇지 나쁜 사람은 아닌데."

쑥스러운 듯이 머리를 긁으면서 가타자와가 대답했다.

"아, 그러고 보니 아오이, 오늘 회의에서 처음 발언한 거지?"

듣고 보니 그랬다. 첫 번째 회의에서는 발언도 하지 않고 질문 포인트도 좁히지 못한 채 묵묵히 듣기만 했으니 졸릴 수밖에 없었다. 오늘은 정해진 안건을 흘려듣지 않으려고 회의 내용에 집중한 탓에 전혀 졸리지 않았다.

⁞ 회의를 촉진하는 '숨은 퍼실리테이터'의 역할

그날 밤. 식후 맥주를 즐기는 아빠에게 아오이가 성과를 보고했다.

"만족스럽진 않지만 의외로 효과가 있었던 것 같아요. 아빠, 해볼 만해요."

"그래? 어떤 효과가 있었지?"

맥주가 맛있어서인지 아오이가 해준 말이 기뻐서인지, 아빠는 싱글벙글 웃으면서 다시 노트를 꺼냈다.

"과장님과 주임님과 선배 사이에 각자 해야 할 업무에 대한 묘한 생각의 차이가 있었어요. 막판에 내가 정해진 안건, 해야 할 일을 확인하자 서로 다르게 알고 있다는 게 드러나서 좀 더 논의해야 할 정도로요. 그때 확인하지 않았더라면 틀림없이 나중에 '왜 하지 않았나?', '내 일인 줄 몰랐습니다'라며 서로 옥신각신했을 거예요."

"좋은 걸 배웠군. 그 외에는?"

"정해진 안건은 회의 도중에 드문드문 나오기 때문에 시간이 지나면 잊힌다는 거예요. 마지막에 다시 한번 확인함으로써 주요 사항을 빠트리지 않게 되었어요."

"그렇구나. 이런 느낌이니?"

아빠는 며칠 전 썼던 노트에 이어서 써 내려갔다.

"네. 확인만 하는데도 속이 후련하달까, '결론이 정해졌다'라는 느낌이 확 들었어요. '확인해도 될까요?'는 회의 결과를 바꾸는 마법의 말 같아요."

"그래, 그래. 실제로 해보니 괜찮지? 거부감을 드러내는 사람은 없었고?"

아빠는 볼펜을 내려놓고 다시 맥주잔을 들었다.

그 순간, 아빠의 손에서 맥주잔이 스르륵 빠져나가면서 옆으로 넘어졌다.

"아아! 아차…… 여보~~오!"

테이블이 맥주로 흥건하게 젖었다.

"네네."

엄마가 아무 일도 없었던 듯이 행주로 테이블을 닦는 모습을 보고 아오이는 한숨을 쉬었다. 아빠는 일과 관련해서는 더할 나위 없이 유능한 사람이지만 일상생활에서는 정반대였다. 툭하면 맥주와 커피를 쏟았고, 일 년에 지갑과 열쇠를 몇 번이나 잃어버렸다. 가족과 했던 말을 금세 까먹어 같은 말을 몇 번이나 묻고, 약속을 잊어버릴 때마다 엄마가 뒤치다꺼리하는 형편이었다.

"새 맥주니까 다시 흘리지 않게 조심해요."

오랜 세월 익숙해서인지 엄마도 대응에 익숙했다. 이렇게 살림을 잘하는 엄마가 없었더라면 아빠의 생활이 어떻게 됐을까?

"아빠, 좀 흘리지 않고 마실 수 없어요?"

"어쩔 수 없어. 조심하는데도 그러네. 그보다 그 외에는?"

"어휴……. 그게 처음에는 말을 꺼내는 데 정말로, 정말로! 용기가 필요했어요. 게다가 주임님이 불평을 해서……. 가타자와 선배가 도와주지 않았더라면 기절했을 거예요. 순간적으로 수명이 줄어드는 것 같더라고요. 하지만 막상 말을 꺼냈더니 아무렇지도 않았어요. 의견을 말한 게 아니라 확인했을 뿐이니까요."

"응. 젊은 사원이 회의에서 의견을 내거나 자신의 생각을 말하는 건 쉽지 않은 일이지. '경험도 없으면서'라거나, '현장도 제대로 알지 못하면서'라고 하면 반문할 말이 없으니까. 하지만 '확인한다'라고 하면 부담이 확 줄어버리지."

"정말로 그래요. 신입인 나도 발언할 수 있으니까요."

아오이는 그때 일을 떠올리듯이 허공을 바라보았다.

"'고작' 확인이지만 '그래도' 확인이야. 확인만 해도 정해진 안건을 모두가 숙지하고 회의를 촉진할 수 있었지? 그게 퍼실리테이션이야. 꼭 사회자의 자격으로 회의를 이끌어갈 필요는 없어."

아빠는 이런 사람을 '숨은 퍼실리테이터'라고 부른다고 했다.

"역시 내가 알고 있는 퍼실리테이션과는 좀 다르네요."

'숨은 퍼실리테이터'라는 말은 처음 들었다. 퍼실리테이터는 앞에 나서서 눈에 띄어야 좋은 결과를 만들어낸다고 생각했기 때문이다.

"우리 사회는 옛날부터 연장자가 사람을 모으거나 자리를 주관하는 관습이 있었어. 그리고 연장자를 공경하는 문화도 있었고. 아직도 많은 회사에 그런 분위기가 남아 있어. 그래서 젊은 사원이 회의나 모임을 주도하거나 의견을 내는 데 거부감을 느끼지. 하지만 이런 방식이라면 큰 거부감 없이 자리 잡을 수 있겠지?"

아빠는 잠시 뜸을 들이고 나서 조언할 게 또 하나 있다고 말했다.

"정해진 안건과 해야 할 일을 확인하면 회의가 끝난 후 참가자 전원에게 확인 결과를 메일로 보내는 게 좋아. 회의 기록으로도 남게 되고, 또 해야 할 일을 재촉하는 효과도 있거든. 사람들이 너를 센스 있는 직원으로 볼 거야. 내가 장담하지."

여전히 아빠의 말에서는 전문가의 카리스마가 느껴졌다. 맥주만 흘리지 않으면 더 설득력이 있을 텐데……. 아빠와의 대화를 통해 퍼실리테이션의 가능성을 조금이나마 느낀 아오이는 말없이 고개를 끄덕였다.

<주례회의 상황>

정해진 안건이 명확하지 않다.

- 결국 아무것도 정해지지 않은 것과 같다.
- 뭔가 정해지긴 했으나 구체적인 업무로 연결하기는 쉽지 않다.

<퍼실리테이션 테크닉>

1. '정해진 안건', '해야 할 일'을 확인한다.

→ 회의 참가자 전원의 생각 차이를 없앤다.

→ 정해진 안건, 해야 할 일을 빠짐없이 확인할 수 있다.

→ 해야 할 일의 담당자와 기한이 명확해진다.

： 회의의 '종료 조건'과 '예정 시간'을 확인한다

"아. 짜증 나!"

아빠의 첫 강의를 듣고 한 달이 지났다. 회의 후 '정해진 안건, 해야 할 일'을 확인하는 것이 슬슬 자리 잡아갈 무렵. NNP사의 구내식당에서 늦은 점심을 먹으며 고다가 불만을 터트렸다.

"뭐, 어쩔 수 없지 않습니까? 늘 그런걸요."

가타자와가 응수했다.

"하지만 회의가 길어진 탓에 이런 음식밖에 안 남았잖아. 봐봐, 이 딱딱해진 닭튀김을."

고다가 어깨를 축 늘어트리며 닭튀김 한 조각을 집어 들었다.

"아주 제대로 굳었네요."

라멘을 먹으면서 재미있다는 듯이 아오이가 말했다.

"뭐, 나도 면이 다 불어터졌지만……."

이곳 구내식당은 조금만 늦어도 인기가 없는 메뉴만 남는다. 점심 전 회의가 길어지면서 맛없는 점심만 그들의 몫으로 남았다.

"스즈카와가 '정해진 안건 확인'을 하자고 말한 탓에 회의 시간이 더 늘어났잖아."

고다는 분위기 파악 좀 해, 라고 말하는 것 같다.

"웬일이야, 이봐 고다 씨, 그건 아니지."

옆에서 끼어든 것은 방금 전까지 함께 주례회의에 참석한 니시다

마리이다. 콜센터에서 오퍼레이터를 관리하는 팀장을 맡고 있다. 고다와는 입사 동기로 15년 차 베테랑이다. 강압적인 성격의 고다를 회사 내에서 막 대할 수 있는 유일한 사람이다.

"아오이가 '정해진 안건을 확인'해줘서 큰 도움을 받았잖아. 회의가 길어진 건 우리 모두의 탓이지."

"뭐, 그런 면도 있지."

마지못해 인정하며 고다는 딱딱하게 굳은 닭튀김을 입에 밀어 넣었다.

"주임님, 죄송해요. 바로 메일 보내드릴게요."

아오이는 아빠의 조언대로 과원들에게 '정해진 안건 & 해야 할 일'을 매번 메일로 보냈다.

"아니, 전혀 미안해하지 않아도 돼! '정해진 안건 & 해야 할 일'을 메일로 보내줘서 얼마나 도움이 되는지 몰라! 더 자신을 가져!"

니시다는 아오이의 등을 손바닥으로 툭툭 건드렸다.

"맞아. 정말로 도움이 돼. 해야 할 일은 회의실을 나오면 쉽게 잊어버리니까."

가타자와가 머리를 긁적이며 한마디 거들었다.

"확실히 메일로 상기시켜주는 건 나쁘지 않아. 그렇지만 그렇게 하지 않아도 과장님이 똑바로 지시를 내리면 되잖아. 원래 그렇게 해야 하는 거 아냐?"

고다는 아오이가 하는 일에 대해 부정적인 시각을 드러냈다.

"고다 씨, 무슨 말을 하고 싶은지는 알겠는데 '과장이, 과장이'라고

보내는 사람	스즈카와 아오이
제목	7월 31일 회의에 관해
받는 사람	미즈구치 과장, 고다 주임, 니시다 팀장, 가타자와 씨
보낸 일시	7월 31일

~ 정해진 안건 & 해야 할 일 메일~

고객 문의 처리 상황 확인 주례회의에 참석하느라 수고하셨습니다.
오늘은 에어컨 바람을 맞으며 쾌적하게 회의를 할 수 있었습니다.
평소와 마찬가지로 '정해진 안건, 해야 할 일'을 보내드립니다.
각자 잘 처리해주시기 바랍니다.

정해진 안건

- No 23 클레임에 관해 고객에게 설명한다.

해야 할 일

- 가타자와 씨
  ▶ 과거의 설명 자료를 고다 주임에게 보낸다.
  　　→ 8/12까지
- 고다 주임
  ▶ 고객사와 미팅 일정을 조정한다.
  　　→ 8/13까지
  ▶ 유지관리부에 제공할 자료를 작성해 과장님에게 확인을 받는다.
  　　→ 8/13까지

불평해봤자 아무것도 달라지지 않아. 아오이 씨의 주요 안건 확인과 메일 덕택에 모두 해야 할 일을 잊지 않고 하게 되었다고 생각하지 않아? 솔직히 회의 도중에 애매했던 업무들도 확인하고 나서야 제대로 알았잖아."

니시다가 젓가락을 내려놓으며 고다를 돌아보았다.

"음……."

"나, 그게 너무 좋아서 콜센터에서 회의할 때는 아오이 씨처럼 '정해진 안건 확인'을 하고 있어."

사실 고객서비스과 내에서는 아오이의 '정해진 안건 확인'이 호평을 받으면서 직원들이 하나둘 따라 하기 시작했다. 그 결과, 회의 마지막에 확인하는 것이 기본이 되었다.

"이제 매번 하지 않으면 왠지 찜찜해."

니시다가 웃으며 말했다.

"그거야 과장님이 회의를 적당히 주도하니까 뭐가 해야 할 일이고 언제까지 해야 하는지 애매할 때가 많아서 그런 거지."

고다가 살짝 벗어진 머리를 문지르면서 마지막 닭튀김을 볼이 미어지게 입에 넣었다.

"뭐야, 고다 씨는 그런 불평만 늘어놓고."

고다는 니시다가 하는 말을 흘려듣긴 했지만 과거 자신의 모습을 떠올렸다. 실은 그에게도 회의를 효율적으로 바꿔보려고 분투하던 시기가 있었다. 성질 급하고 직설적으로 말하는 성격이라 과장의 길게 늘어지는 회의를 견딜 수 없었던 것이다.

당시에 회의에 관련된 책을 몇 권이나 읽고 다양한 도전을 했었다. 일반적인 회의와 관련된 책에 쓰인 노하우는 거의 다 시도해보았다고 해도 과언이 아니다.

- 회의 진행자, 기록 담당을 정한다.
- 회의의 목적을 명확히 한다.
- 참석자의 애매한 발언을 요약해 다시 말한다.
- 3C, 로직트리(Logic Tree, 논리적으로 문제를 해결하는 방법론) 등 프레임워크를 사용해 논의 과정을 입체적으로 정리한다.

이렇게 이런저런 시도를 해보았으나 주변의 호응이 없는 원맨쇼에 그치고 말았다. "회의를 진행하겠습니다"라고 선언하면 혼자만 떠들게 되고, 회의 목적을 확인하면 "논의하는 게 목적인데 뭘 그렇게 따지나?"라며 다들 어이없어했다. 프레임워크를 써보려고 하면 눈총을 받았다. 최종적으로는 "논의가 진행되질 않잖아. 지금껏 하던 대로 하자고"라고 미즈구치로부터 그만두라는 신호를 받았다.

회의를 개선하려는 자신의 노력을 '아무도 반기지 않는' 분위기를 뼈저리게 느끼고 고다는 의욕을 잃었다. 이런저런 사정 때문에 잘 아는 친구를 만나면 푸념을 늘어놓았다.

"나는 회의를 개선해보려고 노력했는데 말이야. 무슨 말을 해도 바뀌질 않아. 회의 관련 책도 학자가 쓴 탁상공론에 불과했다니까."

고다의 친구들이 다니는 회사도 상황은 다르지 않았다. 애써 바꾸려고 하면 할수록 주변의 핀잔만 늘어나고, 상사에게도 미운털이 박혔다. 회사 생활을 편하게 하려면 입을 다물고 있는 게 상책이다. 고다가 그렇게 생각한 것은 그 무렵부터였다.

그런 과거 경험이 있기에 아오이의 행동이 용두사미로 끝날 것으로 생각했다. 그러나 '확인'이 회의 습관으로 자리 잡기 시작한 것을 보고 고다는 놀랐다. 지금까지 아무것도 변하지 않았던 회의가 확인해보자는 신입의 사소한 한마디에 달라지기 시작한 것이다. (뭐람? 내가 그렇게 바꾸려고 할 때는 꿈쩍도 안 하더니?)

"그래도, 언제까지나 장황하게 늘어지는 회의만 생각하면 화가 치민다고."

고다가 굵은 목소리로 크게 소리쳤다.

"나도 동감이야. '언제 끝낼 건데?'라고 한마디 날리고 싶어지지 않아?"

고다의 말투를 따라 하며 니시다가 말했다.

"내 말 좀 따라 하지 마."

고다가 툭 내뱉고는 자리에서 일어섰다.

"그러면 나도 먼저 일어날게요."

가타자와도 고다의 뒤를 따랐다.

식당 출구로 사라지는 고다의 뒷모습을 보면서 니시다가 불쑥 말했다.

"옛날에는 자신이 업무 개선에 더 적극적이었는데……."

"주임님이오?"

"응. 아까는 기분 나빴지? 회의가 길어진 걸 아오이 씨 탓으로 돌려서."

"아니요, 괜찮습니다. 팀장님이 편들어주시기도 했고, 지금은 많이 이해해주시니까요."

"고다는 미즈구치 과장님을 옛날부터 싫어했어. 함께 일하던 시절에는 회의나 업무 방식을 바꿔보려고 꽤나 노력했었는걸. 그 무렵의 고다는 회사 생활이나 업무에 상당히 적극적인 스타일이었지."

"그런 일이 있었어요?"

"이런저런 시도를 했었는데 그게 미즈구치 과장님은 탐탁지 않았던 모양이야. 둘이 툭하면 부딪쳤으니까. 고다 주임은 '미즈구치 과장은 업무에 대한 열정도 책임감도 없어서 안 돼'라고 말하곤 했어. 그래서 업무를 개선하거나 미즈구치 과장님을 돕는 걸 싫어하게 됐지."

니시다는 약간 못마땅하다는 표정을 지으며 말을 이어갔다.

"그러니 회의를 적극적으로 바꾸려고 하는 아오이 씨가 마음에 들지 않는 거야. 그래서 트집을 잡는 것 같아. 미즈구치 과장을 돕는 듯한 태도도 못마땅할 테고. 하지만 전부 이유 없는 비난이니 신경 쓰지 않아도 돼. 나도 잘 말해둘 테니까!"

"그런 얘기를 들을 수 있는 것만으로도 좋아요. 고맙습니다."

아오이는 진심으로 그렇게 생각했다.

"뭐야, 이 숙연한 분위기는. 어쨌든 아오이 씨의 '확인'이 일하는 데 큰 도움이 됐으니까!"

"네. 하지만 정해진 시간에 회의를 끝낼 수 있다면 더 좋을 텐데 어렵네요."

"그렇지. 그렇게 될 기미는 전혀 보이지 않지만."

한숨을 쉬던 니시다는 며칠 후에 눈이 휘둥그레진다.

ː 마침내 정해진 시간에 회의가 끝나다

며칠 후.

주례회의에는 늘 참석하던 면면이 모였다. 회의에서 자리에 앉는 순서는 거의 정해져 있었다. 좁고 기다란 회의실 가장 안쪽에 사회자인 미즈구치 과장이 앉아 있다. 미즈구치를 중심으로 안쪽부터 연차가 높은 순서대로 앉는다. 가장 어린 아오이는 미즈구치가 앉은 자리에서 가장 먼 입구 쪽에 앉아 있다. 일반적인 회사에서 흔히 볼 수 있는 좌석 배열이지만, 연차 순서대로 앉으면 상석에 앉은 사람이 발언을 주도하게 된다. 그래서일까? 회의할 때도 미즈구치가 말하기 전까지 다들 입을 꾹 다물고 있다.

미즈구치가 "그러면 주례회의를 시작하겠습니다" 하고 회의 내용을 전원에게 배포하기 시작했다.

"오늘은 문의 건수가 많아. 회의가 길어질지도 모르겠군."

"네? 정말요……?"

"다음 회의도 있는데요……."

다른 참석자들이 웅성거렸다.

그때, 아오이가 조용히 손을 들었다.

"저 미즈구치 과장님, 확인하고 싶은 게 있는데요……."

"뭔데? 빨리 회의를 시작하려고 하는데."

"그, 어떤 상황에서 '오늘 회의 종료!'라며 끝낼 수 있을까요?"

아오이가 조심스럽게 물었다.

제일 먼저 반응한 이는 고다였다.

"또 뭐야, 스즈카와. 무슨 종잡을 수 없는 소리를 하려고?"

"저, 어떤 상황에서 회의가 종료되는지 대충 파악할 수 있으면 주제에서 벗어나는 질문도 줄일 수 있을 것 같습니다."

고다는 쳐다보지 않고 미즈구치만 보면서 아오이가 말했다.

"음. 회의 종료 상황이라……?"

"그게 '사후 대응이 필요한 문의에 관해 대응 방법과 담당자가 정해지면 회의 종료'라고 생각해도 되겠습니까?"

"응. 그러면 되지 않겠어? 아마도 자네 말이 맞을 거야. 다들 회의가 잘 마무리되도록 진행하자고. 고다도 부탁해."

"네."

고다는 팔짱을 끼고 험악한 표정을 지었다.

"아, 또 한 가지, 회의 시간을 확인하고 싶은데요."

"회의 시간은 한 시간 아닌가?"

이번에는 가타자와가 입을 열었다.

"아니, 의제마다 배당되는 시간이오. 오늘은 내용이 많은 것 같으니 시간 배분을 미리 확인하고 싶습니다. 오늘 다룰 의제를 이렇게 정리했는데요."

아오이는 화이트보드에 오늘 회의에서 다룰 의제를 하나하나 써 내려갔다.

"음, 그런가……? 가타자와, 얼마가 걸릴까?"

미즈구치는 대답하기 곤란해지자, 바로 동의를 구한다는 투로 가타자와에게 짐을 넘겼다.

"네? 저 말인가요? 음. 각각 이 정도면 될까요?"

가타자와가 아오이가 적어놓은 의제 옆에다 시간을 적었다.

주례회의 〈의제〉

- 문의 내용을 확인한다.   5분
- 사후 대응이 필요한 안건을 선정한다.   15분
- 사후 대응 방법과 담당자를 정한다.   35분
- 정해진 안건, 해야 할 일을 확인한다.   5분

"자, 대충 시간이 정해졌네. 그럼 시간도 없으니 어서 회의를 시작하지."

미즈구치가 말했다. 가타자와가 시간 배분에 대해 생각하는 사이, 미즈구치는 잠시의 틈도 주지 않고 회의 자료를 읽기 시작했다.

"문의 내용부터 확인하겠습니다. 2015년 8월 12일 12시 12분, A사

의 시스템 담당자님에게 '통화 녹음 결과가 들리지 않는다'라는 내용의 문의가 있었음. 오퍼레이터가 매뉴얼대로 장애를 진단했고, 고객의 조작 미스임이 판명되면서 본 건은 종료. 그럼, 다음 문의는……."

미즈구치는 평소와 다름없이 회의 내용을 읽어 내려가기 시작했다.

이 페이스로 가다가는 다 읽는 데 30분은 족히 걸린다. 살아나는 듯했던 회의 분위기가 다시 가라앉는 것을 보고 아오이는 용기를 냈다.

"미즈구치 과장님, 문의 내용 확인을 5분 안에 끝내기로 했는데, 힘들지 않을까요?"

"끝내지 못할지도 모르지만 하는 수밖에 없잖아. 자네가 말을 걸어서 시간이 더 길어졌어."

가타자와가 회의 자료를 휘리릭 넘겨보면서 말했다.

"아, 하지만 과장님, 전부 읽어주시지 않아도 대충 눈으로 훑어보면 대응이 필요한 안건이 무엇인지 알지 않겠습니까?"

"그럴지도 모르겠네. 1분만 자료를 훑어볼 시간을 주시지 않겠어요?"

니시다는 이미 자료를 넘기기 시작했다.

"뭐, 좋은 방법 같은데 한번 해보자고."

미즈구치가 말했으므로 모두 자료를 훑어보기 시작했다.

잠시 침묵이 흐른 후, 니시다는 자료에 체크 표시를 한 곳을 확인하고 말했다.

"확인하니까 첫 번째와 세 번째 안건은 대응이 필요할 것 같은데요. 고다 씨는 어때?"

니시다는 일부러 큰 눈을 부릅뜬 채 고다를 바라봤다.

"한 건 더 추가. 열두 번째 안건도 추가하는 편이 좋지 않을까? 이건 논의하지 않으면 안 되겠는데."

"그러면 전부 세 건인가. 첫 번째 안건부터 한번 살펴볼까."

자료를 낭독하지 않게 된 미즈구치는 바로 논의에 들어갔다. 첫 번째 안건은 클레임이었다. 네트워크가 불안정해 콜센터에 문의했는데 전화를 한 협력회사 기술자에게 화를 낸 건이었다. 대응하는 태도가 나빴던 모양이다. 이른바 2차 클레임이다. 고객 상담 창구에서는 흔히 있는 일이다.

"지금 어떤 상태지? 누가 대응하고 있어?"

고다는 상황 확인을 위해 콜센터 리더들의 얼굴을 죽 둘러보았다. 질문에 대한 대답이 나오기도 전에 미즈구치가 먼저 입을 열었다.

"그나저나 또 같은 클레임이야? 우리 기술자들은 고객의 문의에 대응하는 자세에 문제가 많아. 교육을 어떻게 하기에 그렇지? 기술지원팀 리더가 고다지?"

"그게……, 기술자의 경우, 작년에 콜에 대응하기 위한 훈련을 막 시작한 참입니다."

"그러고 보니 협력회사의 응대가 원인이 되어 일어나는 클레임은 늘었어, 줄었어? 정확한 수치를 알 수 있을까?"

미즈구치는 빠르게 질문을 쏟아냈다.

"지금 당장은 알 수 없습니다."

"당장은 알 수 없다니 무슨 말이야? 대강의 수치라도 알 수 없어?"

원래 논의에서 벗어나 다른 화제로 전환되었으나 미즈구치의 독주는 멈추지 않았다. 질문하고 도중에 다른 안건을 떠올리면 다시 질문한다. 이렇게 해서 본 의제는 어디론가 사라져버리고, 평소와 같은 패턴을 반복할 뿐이다. 회의 시간에 말하는 사람도 미즈구치와 고다 뿐이고, 무관심한 표정의 다른 직원은 한가해 보인다. 이래서는 당연히 정해진 시간에 끝낼 수 없다.

"저, 저기……."

이때 개미만 한 목소리로 아오이가 끼어들었다.

"지금 하는 논의도 중요하지만 '문의에 대한 대응 방법과 담당자가 정해지면 회의 종료'라고 과장님이 지침을 정해주셨으니 일단 거기에 집중하면 어떨까요? 시간도 없고."

"그럽시다!"

가타자와가 손뼉을 쳤다.

"저도 이어서 다른 미팅이 있으니 그렇게 해주시면 감사하겠습니다! 방금 한 얘기는 회의가 끝난 후에 따로 확인하는 편이 좋을 것 같은데요."

"아아, 참 그렇지. 이거야 원, 얘기가 샛길로 빠져버렸군. 어, 그럼 대응책에 관해 하던 논의를 마저 하자고. 그래서 그쪽 상황은 어떻게 됐어?"

니시다가 고객 담당자와 구체적으로 주고받은 대화 내용을 포함해 현재의 대응 상황을 설명했다. 미즈구치는 대강 듣더니 대응 방법을 정했다.

"알았어. 중요한 고객이기도 하니 사과도 할 겸 내가 직접 가서 설명하지."

"좋은 것 같습니다. 연락해서 약속을 잡겠습니다."

고다가 안심한 목소리로 말했다.

이걸로 첫 번째 안건이 처리되었다.

"그럼 다음은 뭐지?"

미즈구치는 기운이 넘쳤다.

"다음은 고장 대응이 늦어서 고객이 화가 난 건입니다."

"음, 또 같은 부품이 고장이 난 건가? 얼마 전에도 같은 부품이 고장 난 걸로 기억하는데."

기술지원팀 직원 중 누군가가 말했다.

"그러고 보니 그때 고장 원인을 분석하기로 했는데 어떻게 됐지?"

기술지원팀 직원끼리 대화가 이어지자 니시다가 손을 들었다.

"여기요! 그 건에 관해서는 이 안건의 대응 방법을 먼저 정하고 나서 생각하면 어떨까요? 그러지 않으면 회의가 끝나지 않을 것 같은데요?"

니시다의 이 한마디로 자연히 '고객 대응을 어떻게 할까?'로 논의가 되돌아왔다.

그때 아오이가 "20분 남았습니다"라고 조용히 말했다.

"뭐야, 벌써 시간이 그렇게 됐어? 자, 서둘러 마무리하자고!"

준비한 안건들에 대한 논의가 순조롭게 이루어지고 있었다. 이윽고 마지막 안건까지 결론이 정해지자 미즈구치는 한숨을 길게 쉬며 말했다.

"이걸로 전부 종료인가? 휴, 겨우 시간에 맞춰 끝냈네."

'틀림없이 시간 초과'될 거라 예상되었던 회의를 시간 안에 마쳤다.

"'정해진 안건, 해야 할 일 확인'을 하겠습니다."

아오이가 평소와 마찬가지로 확인을 했다.

"그럼, 수고들 했어. 다들 집중해준 덕분에 빨리 끝날 수 있었네. 다음번에도 잘 부탁해."

미즈구치가 성큼성큼 회의실을 나갔다.

"댁이 엉뚱한 소리를 하니까 매번 시간이 걸리는 건데요⋯⋯."

고다는 미즈구치의 등 뒤에다 낮은 목소리로 중얼거리며 서류를 정리했다.

"잠깐!"

회의실을 나가려고 하는 아오이를 니시다가 불렀다.

"오늘 회의 진짜 빨리 끝났어!"

아오이는 만면에 웃음을 띠며 살짝 고개를 끄덕였다.

"머리를 좀 썼죠. 성공해서 다행이에요."

가타자와도 대화에 끼었다.

"나, 바로 눈치챘어. 회의 진행은 시간을 확인하는 게 핵심이지?"

"후후후, 그 외에도 다른 것들이 있어요."

아오이는 지난밤에 아빠에게 배운 것을 두 사람에게 알려주었다.

아빠의 강의 – 장황하게 길어지는 회의를 바꾼다

며칠 전 식당에서 '딱딱해진 닭튀김 사건'이 있은 후, 아오이는 아빠에게 상담을 요청했다.

"회의를 시간에 맞춰 끝낼 수 있느냐고? 할 수 있어, 간단해."

아빠는 시원스레 대답했다.

"네? 그게 가능해요?"

저녁 식사를 마친 느긋한 시간대, 부엌 테이블에서 맥주를 마시는 아빠 옆에 아오이가 앉았다.

"슬슬 다음 단계로 넘어가도 될 때가 왔구나. 아, 노트, 노트……."

가방에서 노트를 꺼내면서 아오이에게 집중하라는 신호를 보냈다. 일하는 스위치가 켜지면 아빠는 눈빛이 달라진다.

<주례회의 상황>

정해진 안건이 명확하지 않다.

- 결국 아무것도 정해지지 않은 것과 같다.
- 뭔가 정해지긴 했으나 구체적인 업무로 연결하기는 쉽지 않다.

정해진 시간에 끝나지 않는다.

- 의제와 관계없는 논의를 많이 한다.
- 이야기가 샛길로 빠진다.
- 논의해야 할 의제인지 불필요한 의제인지 판단하지 못한다.

〈퍼실리테이션 테크닉〉

1. '정해진 안건', '해야 할 일'을 확인한다.

→ 회의 참가자 전원의 생각 차이를 없앤다.

→ 정해진 안건, 해야 할 일을 빠짐없이 확인할 수 있다.

→ 해야 할 일의 담당자와 기한이 명확해진다.

"애초에 왜 회의가 장황하게 길어진다고 생각해? 다들 빨리 끝내고 싶을 텐데 이상하지 않니?"

"음, 정말로 그래요……. 잘 표현할 수 없지만 무엇을 논의하고 싶은지 모를 때가 있어요. 논의를 하긴 하는데 관계없는 화제가 마구 늘어난다든지……. 또 이야기가 샛길로 빠질 때도 많아요. 하지만 의제와 관계가 있는 건지 없는 건지도 잘 몰라서……. 그래서 시간이 많이 걸리는 게 아닐까요?"

아빠는 노트에 '정해진 시간에 끝나지 않는다', '의제와 관계없는 논의를 많이 한다', '이야기가 샛길로 빠진다', '논의해야 할 의제인지 불필요한 의제인지 판단하지 못한다'라고 적었다.

"그렇군. 그러면 왜 '의제와 관계없는 논의인지 필요한 논의인지'를 모르는 걸까?"

"음. 회의의 목적을 충분히 알지 못해서 그런 걸까요?"

"맞아, 제법이구나. 시중에 나오는 회의와 관련된 책을 보면 대개 첫 페이지에 '회의의 목적을 명확히 하라'라고 쓰여 있어."

"저도 읽은 적이 있어요."

"그래, 어느 책이나 회의의 목적이 중요하다고 나와 있지만 목적을 확인하기란 의외로 어려워. 게다가 신입이 잘난 체하며 '목적을 확인해주세요'라고 말하기란 더욱 어렵지. '논의하는 게 목적이다!', '목적은 상황을 공유하는 거야!', '그런 것도 모르냐!'라고 핀잔이나 들을 게 뻔해."

"왠지 다들 짜증 내는 모습이 상상돼요……. 그러면 어떻게 하면 좋죠?"

"'어떤 상황에서 회의를 끝낼 수 있는지 물어보면 돼. 만약 주례회의라면 어떤 상태가 되면 '종료!'라고 할 수 있을까?"

아빠는 낮지만 단호한 목소리로 말했다.

"음, 그러니까…, 아마도……."

아오이는 잠시 생각에 잠긴 듯이 눈을 감았다.

"'사후 대응해야 할 안건의 대응 방법과 담당자가 정해지면' 회의가 끝날 것 같아요."

아빠는 크게 고개를 끄덕이면서 노트에 메모했다.

<주례회의 상황>

정해진 안건이 명확하지 않다.

- 결국 아무것도 정해지지 않은 것과 같다.
- 뭔가 정해지긴 했으나 구체적인 업무로 연결하기는 쉽지 않다.

정해진 시간에 끝나지 않는다.

- 의제와 관계없는 논의를 많이 한다.
- 이야기가 샛길로 빠진다.
- 논의해야 할 의제인지 불필요한 의제인지 판단하지 못한다.

〈퍼실리테이션 테크닉〉

1. '정해진 안건', '해야 할 일'을 확인한다.

→ 회의 참가자 전원의 생각 차이를 없앤다.

→ 정해진 안건, 해야 할 일을 빠짐없이 확인할 수 있다.

→ 해야 할 일의 담당자와 기한이 명확해진다.

2. 회의 종료 조건을 확인한다.

• 어떤 상태가 돼야 '회의 종료!'라고 할 수 있을까?

주례회의 종료 조건 : '대응 방법과 담당자가 결정된 상태'

"그렇지, 그렇지. 그러면 그게 회의의 목적이 되는 거지. '대응 방법과 담당자가 정해진 상태'가 되면 회의를 끝낼 수 있어. 처음부터 그러한 인식을 공유할 수 있으면 회의에 참석한 사람들 모두가 대응 방법과 담당자를 정하기 위해 필요한 논의에만 집중하려고 하겠지. 다들 빨리 회의를 끝내고 싶을 테니까."

"음, 조금 알 것 같아요. '대응 방법과 담당자가 정해진 상태'를 만들려면 '대응 방법을 검토해야 하는 안건'만 논의하면 되겠군요. 어쩌면 우리는 평소 해도 그만 안 해도 그만인 안건에 시간을 들이고 있는지도 모르겠어요……."

"바로 그거야. '회의 종료 조건에 합치하는 상태를 만들어내자!'라고 전원이 의식하면 회의 방향도 자연히 그쪽으로 향하게 돼. 반대로 종료 조건이 명확하지 않으면 무엇을 얼마나 논의해야 하는지 모르니까, 다들 자기 멋대로 떠들기 시작하지. 그래서 논의가 중구난방으로 퍼져나가는 거야. 실제로는 '명확하게 관계없는 논의'는 드물고, 오히려 경계가 미묘할 때가 많아. 그래서 종료 조건을 명확하게 하고 체크하지 않으면 논의가 의제에서 벗어나도 알아차리기 힘들지."

아오이는 회사의 회의 풍경을 떠올려보았다. 미즈구치의 입장에서 보자면 고다와 가타자와에게 질문하는 동안에 업무상 궁금한 게 자꾸 생기는 것이다. 관리직이라는 입장에서 무리도 아니지만 아무리 중요한 얘기라도 전원이 모인 주례회의에서 말하지 말고 개인 미팅으로 의견을 나누면 된다.

아오이가 생각에 잠긴 사이 아빠는 다시 노트에 뭔가를 쓰기 시작했다.

"이런 상태의 회의는 종료 조건이 명확하지 않다고 봐도 좋아. 가령, '××에 관해 의견을 냈으면 하는데 뭐가 있을까요?'라거나, '××에 관해 설명하겠습니다. 먼저……'라는 느낌으로 시작하는 경우지."

노트를 들여다보면서 아오이가 쓴웃음을 지었다.

"우리 회의는 대개 그런 느낌으로 시작해요."

"그렇겠지. '××에 관해 의견을 내주세요'라고 하면 종료 조건이 뭔지 알 길이 없어. 어디까지 논의해야 회의가 끝나는지 누가 판단할 수 있겠어? 참고 정도로 의견 몇 개를 내면 그걸로 족한지, 모든 의견이 나와야 끝나는지, 나온 의견들 가운데 최종안을 정해야 끝나는지……."

"듣고 보니 그러네요. 그것까진 생각해보지 못했어요……."

"필요한 건 확인하는 것뿐이니까 어렵지 않을 거야. '죄송합니다. ×× 상태가 되면 회의 종료라고 생각해도 되겠죠? 그렇게 되도록 논의에 집중하겠습니다'라고 말하면 돼."

\<주례회의 상황\>

정해진 안건이 명확하지 않다.

- 결국 아무것도 정해지지 않은 것과 같다.
- 뭔가 정해지긴 했으나 구체적인 업무로 연결하기는 쉽지 않다.

정해진 시간에 끝나지 않는다.

- 의제와 관계없는 논의를 많이 한다.
- 이야기가 샛길로 빠진다.
- 논의해야 할 의제인지 불필요한 의제인지 판단하지 못한다.

<퍼실리테이션 테크닉>

1. '정해진 안건', '해야 할 일'을 확인한다.

→ 회의 참가자 전원의 생각 차이를 없앤다.

→ 정해진 안건, 해야 할 일을 빠짐없이 확인할 수 있다.

→ 해야 할 일의 담당자와 기한이 명확해진다.

2. 회의 종료 조건을 확인한다.

• 어떤 상태가 돼야 '회의 종료!'라고 할 수 있을까?

주례회의 종료 조건 : '대응 방법과 담당자가 결정된 상태'

• 누구나 예상할 수 있는 상태를 생각해낸다.

→ 전원이 하나가 되어 종료 상태가 되도록 회의를 진행한다.

~이렇게 시작하는 회의는 종료 조건이 명확하지 않다.~
'××에 관해 의견을 냈으면 하는데 뭐가 있을까요?'
'오늘의 회의는 이런 흐름으로 진행하겠습니다. 먼저 ××인데……'
'××에 관해 설명하겠습니다. 배경으로는……'

아빠는 볼펜을 내려놓고 아오이를 보았다.

"쉬운지 어떤지는 모르겠지만… 뭘 해야 하는지는 알겠어요."

아오이는 아빠를 쳐다보았다.

"비슷한 이야기를 알고 있어요. 저 옛날에 합창을 했었잖아요."

아오이는 중학생 시절에 합창부 부장을 했었다. 지역에서 합창부 실력을 인정받는 학교였다. 아오이는 쉬는 날에도 연습을 하러 학교에 갈 정도로 열정적으로 활동했다.

"같은 지역에 아주 잘하는 학교가 두 군데 있었어요. 한 곳은 합창을 정밀 기계처럼 하는 학교, 한 곳은 수준이 아주 높지는 않았지만 노래를 멋지고 감동적으로 부르는 학교였어요. 감동적으로 합창하는 학교에 어떤 비밀이 있는지 궁금해서 알아보러 나섰던 적이 있었어요."

"호오, 그래?"

아빠는 호기심에 이끌려 몸을 앞으로 내밀었다.

"아니, 네가 그런 과감한 행동을 했다고? 놀라운데!"

아오이는 놀라는 표정을 짓는 아빠 모습을 보고 싱긋 웃으면서 말을 계속했다.

"합창부는 보통 음정을 맞추는 연습부터 하는데, 그 학교에서는 그림을 먼저 그렸대요."

"그림이라고? 음악이랑 관계가 없잖아?"

"그렇게 생각하죠? 저도 깜짝 놀랐어요. 노래를 함께 부르는 연습보다 가사에 맞춰 그림을 그린다고 하더라고요. 예를 들어 '푸른 하늘'이란 가사가 나오면, '그 하늘은 어떤 파란색일까? 진한 파랑? 투명한 파랑?' 하고 다 함께 의논해서 그림을 그려요. 즉, 합창으로 무엇을 표현하고 싶은지, 그 정경을 일치시킨 후에 연습한다는 거예요. 그러지 않으면 모두가 마음속에 그리는 합창의 이미지가 제각각이 된다면서요."

아오이의 말에 감탄한 아빠가 탄성을 지르며 맥주를 단숨에 들이켰다.

"그렇구나. 다 함께 하는 게 중요하지. 지향하는 목표를 일치시킨다, 정말 중요한 개념이야! 합창도 회의도 마찬가지. 지향해야 할 목표를 공유하는 게 중요해. 그렇게만 해도 전원이 그 목표를 향해 달리게 되거든. 그게 퍼실리테이션의 기본 정신이야."

"여러 사람이 하나의 목표를 공유한다는 게 쉬운 일은 아니잖아요?"

"물론. 그런데 전원이 같은 목표를 향해 달리기 위해서는 또 하나 중요한 요소가 있어. 회의에 걸리는 시간을 확인하는 것."

"회의 시간은 한 시간으로 정해져 있어요. 늘 1.5~2배는 걸리지만."

"아니, 그 시간이 아니야. 한 시간짜리 회의가 몇 개의 의제로 구성되어 있지? 각각의 의제에 걸리는 시간 말이야. 의제는 어떻게 이루어져 있어?"

"아. 주례회의는 대체로 이런 구성이에요."

아오이가 아빠의 노트에 적기 시작했다.

- 문의 사항이 적힌 회의 안건을 확인한다.
- 사후 대응이 필요한 안건을 골라낸다.
- 사후 대응 방법을 논의한다.

"과연, 몇 분씩 걸리는 게 이상적일까?"

"음, 글쎄요. 이 정도면 될까요?"

아오이는 노트에다 회의 시간도 적었다.

- 문의 사항이 적힌 회의 안건을 확인한다.   5분
- 사후 대응이 필요한 안건을 골라낸다.   15분
- 사후 대응 방법을 논의한다.   40분

"좋아. 그걸 회의 시작할 때 확인하면 돼. 시간이 명확하게 부족한 경우에는 논의하기 전에 어떻게 할지 서로 의논하고. 시간을 연장할지, 진행 방식을 바꿀지. 아니면 날짜를 변경하거나 과제로 해오거나, 다양한 방법을 생각할 수 있겠지?"

아오이는 얼굴을 살짝 찌푸렸다.

"이해가 잘 안 돼서 그러는데, 그렇게 하면 뭐가 좋아지죠? 결국 회의가 길어지기는 매한가지 아니에요?"

"좋은 질문이야. '마감 효과'라고 들어본 적 있지? 마감이 정해지면 그 기한에 맞추려는 의식이 작동해. 심리학에서는 유명한 이론이야."

"들은 적 있는 것 같아요. 다이어트를 할 때도 기한을 정해놓고 하

면 효과가 좋다고 들었어요."

아빠는 만족스러운 듯이 고개를 끄덕였다.

"의제마다 시간 배분을 확인하면 제한 시간을 더 치밀하게 설정할 수 있어. 그러면 마감 기한에 맞추려는 의식이 작동해서 생산성이 높아지지. 특히 회의 중에 누군가가 '몇 분 남았습니다'라고 알리면 효과가 배가 된단다. 한 시간 전, 30분 전, 15분 전, 10분 전, 5분 전. 이렇게 남은 시간을 알려주기만 하면 돼."

아빠의 노트에 회의 관련 내용의 글이 늘어갔다.

<주례회의 상황>

정해진 안건이 명확하지 않다.

- 결국 아무것도 정해지지 않은 것과 같다.
- 뭔가 정해지긴 했으나 구체적인 업무로 연결하기는 쉽지 않다.

정해진 시간에 끝나지 않는다.

- 의제와 관계없는 논의를 많이 한다.
- 이야기가 샛길로 빠진다.
- 논의해야 할 의제인지 불필요한 의제인지 판단하지 못한다.

<퍼실리테이션 테크닉>

1. '정해진 안건', '해야 할 일'을 확인한다.

→ 회의 참가자 전원의 생각 차이를 없앤다.

→ 정해진 안건, 해야 할 일을 빠짐없이 확인할 수 있다.

→ 해야 할 일의 담당자와 기한이 명확해진다.

2. 회의 종료 조건을 확인한다.

• 어떤 상태가 돼야 '회의 종료!'라고 할 수 있을까?

주례회의 종료 조건 : '대응 방법과 담당자가 결정된 상태'

• 누구나 예상할 수 있는 상태를 생각해낸다.

→ 전원이 하나가 되어 종료 상태가 되도록 회의를 진행한다.

~이렇게 시작하는 회의는 종료 조건이 명확하지 않다.~
'××에 관해 의견을 냈으면 하는데 뭐가 있을까요?'
'오늘의 회의는 이런 흐름으로 진행하겠습니다. 먼저 ××인데……'
'××에 관해 설명하겠습니다. 배경으로는……'

3. 의제마다 할당된 시간을 확인한다.

• 시간 안에 마무리할 수 있는지 확인한다.

• 도중에 남은 시간을 알린다.

→ 시간 내에 마무리하려는 목표에 집중할 수 있다.

"또 하나 좋은 점이 있어. 개선의 포인트를 파악하게 된다는 점이야. 15분이 걸릴 거라 예상했지만 30분이 걸린 경우, 무엇이 잘못되었을까? 예를 들면 진행 방식, 시간 읽기, 협력 체제 등등. 예정 시간과 실제로 걸린 시간의 차이를 명확하게 밝혀내지 않으면, 나중에 그 방식이 좋은지 나쁜지 판단할 수조차 없어. 당연히 생산성도 오르지 않겠지."

아빠는 자신의 업무 페이스로 돌아왔는지 점점 말이 빨라졌다.

"제조업에서는 상상할 수도 없는 상황이야. '오늘 하루 몇 개 만들수 있는지 모르지만 일단 만들어볼까~. 휴, 다 만들었다. 왠지 시간이 엄청나게 걸린 것 같지만 뭐 어때. 내일도 이 정도 만들면 되겠지.' 이런 상황이라면 회사가 망할 수밖에 없겠지. 화이트칼라가 이 모양으로 일을 하니까……."

"네네. 알겠어요, 알았다고요."

아빠가 약간 흥분한 상태에서 폭주하기 시작하자 감당하기가 힘들었다. 이거야말로 이야기가 샛길로 빠지는 거지, 라고 생각하면서 아오이가 반론을 제기했다.

"하지만 논의를 가로막고 남은 시간을 확인하는 건 불가능해요."

"논의를 가로막을 필요는 없어. 혼잣말하듯이 조용히 말하면 돼."

"그래도 돼요?"

"상기시키기만 하면 돼. '10분밖에 남지 않았다!'라고. 모두가 알고 있으면 그걸로 충분하지. 뭐, 직접 해봐."

아빠는 남은 맥주를 마저 마셨다.

단숨에 이야기를 마친 아오이는 크게 한숨을 쉬었다.

"······전체적으로 이런 내용이었어요."

"과연, 그랬구나."

아오이에게 회의 방법 개선과 관련한 배경 이야기를 전해 들은 가타자와는 팔짱을 끼고 낮게 신음했다. 실제로 회의가 좋아졌다고 느낀 후에 배경을 설명해서인지 더 크게 납득이 되었다.

아오이는 잠시 뜸을 들이다 두 사람에게 물어보았다.

"실제로 그 자리에 있으니 어떻던가요?"

"뭐야, 너무 좋았어! 속이 뻥 뚫리는 느낌!"

가타자와가 과장된 몸짓으로 앞으로 푹 쓰러졌다.

"팀장님, 회의 방법이나 분위기가 이전과 비교하면······?"

"응, 많이 좋아졌지. 가타자와는 어때? 핵심을 꿰뚫는 설명을 해보라고."

"음. 회의에 들어갈 때 시간 배분을 염두에 두는 게 중요하다고 느꼈어요. 지금까지 시간 배분은 생각해본 적이 없다 보니 미즈구치 과장님이 나한테 시간이 얼마나 걸릴까 물었을 때, 바로 대답할 수가 없었어요."

잠깐 허공을 노려보면서 소리를 쥐어 짜내듯 낮은 목소리였다.

"뭐야, 빤한 소리잖아! 하지만 맞는 말이긴 해."

"내 입으로 말하기 그렇지만 시간 배분을 생각한 적이 없다는 건 큰 문제예요······. 이번에 시간 배분에 대해 말이 나오면서 주어진 시간 안에 회의를 마무리하려는 태도는 정말 중요하다고 생각해요. 지금까지는 의제만 적당하게 정리했는데, 이제부터 시간 배분까지 고려해서 회의하고 싶어요. 그렇게 힘이 드는 것도 아니고."

가타자와가 그동안 느낀 바를 간략하게 말했다. 아오이는 그의 말을 들으면서 아빠에게 배운 것의 파급 효과를 새삼 실감했다.

"그 말을 들으니 평소 무엇에 얼마나 시간을 들여서 논의해야 하는지 잘 모른 채 회의를 했던 것 같아요. 회의 중에 '이 논의에 이렇게 시간을 써도 될까?'라고 생각한 적이 자주 있었으니까요."

아오이의 말에 니시다가 고개를 힘차게 끄덕이며 동의했다.

"맞아. 나도 '언제까지 이 논의를 계속할 거야?'라고 자주 생각했는걸."

"그래서 회의 중에 그렇게 말씀하셨군요."

동의한다는 표정을 지으며 가타자와가 이어서 말했다.

"'회의 종료 조건'도 나는 마음에 들어. 어떤 상태가 되면 회의가 끝나는지 명확해지면 그 상태가 되려고 의식할 테고, 그런 방향으로 가고 있는지 샛길로 빠졌는지 판단하기도 쉬우니까. 반대로 '이렇게 말해봤자 회의는 종료되지 않아'라고 생각하면 논의가 쉽게 샛길로 빠지지."

"뭐야? 가타자와, 오늘 머리가 잘 돌아가네!"

"그렇죠?"

가타자와가 장난기 가득한 표정을 지었다.

"하지만 이렇게 하나하나 되짚어 보니 좀 소름이 돋았어요. 이렇게 간단한 것조차 모른 채 그동안 회의를 한 시간이 얼마예요?"

가타자와는 머리를 긁적이면서 아오이에게 다시 고개를 돌렸다.

"이런 마법과 같은 방법을 가르쳐주신 아버님은 대체 어떤 분이셔?"

아빠의 일기 2
∙ ∙ ∙ ∙ ∙ ∙ ∙ ∙ ∙ ∙

'확인하는 퍼실리테이션'은 어느 정도 성공한 모양이다. 과연 배운 것은 야무지게 해내는 아이이다. 이번에는 시간 배분과 종료 조건에 대해 가르쳤는데 난이도가 한층 높아졌다. 특히 종료 조건을 확인할 때는 말을 꺼내기가 어렵다. 감 좋은 사람이 곁에 있어서 지원해주면 좋겠지만⋯⋯. 뭐, 걱정해봤자 소용없는 일이지.

한 번에 너무 많은 것을 알려주면 아오이가 혼란스러워할 것 같아 오늘은 말하지 않고 넘어간 게 몇 가지 있다. 잊지 않도록 기록하고 언젠가 말해줘야지.

회의에서 자료를 읽어 내려가는 건 금물

회의하면서 가장 쓸모없는 시간이 '자료를 읽는' 시간이다. 누군가가 소리 내어 읽기보다 각자가 속으로 읽는 게 훨씬 빠르다. 자료가 준비되면 사전에 읽고 오게 하든가, 그 자리에서 대충 훑어보는 시간을 주면 된다. 그러기 위해 자료를 작성했을 텐데, 어찌 된 일인지 회의 중에 읽으면서 시간을 잡아먹는다. 경험상, 특히 뭔가를 정식으로 보고하는 주례회의에서 자주 발생한다.

참가자들이 자료를 대강 열람한 다음, 상담이 필요한 포인트와 논의하고 싶은 포인트만 얘기하면 될 것이다. 여기에만 회의 시간의 3분의 1을 쓰는 게 적절하다. 효과가 절대적인 방법이지만 아오이가 회의 진행 방식에 의견을 낼 수는 없을 것이다. 신입인 아오이가 '자료 읽기는 금지한다'라고 말할 수는 없으니까. 이에 관해서는 퍼실리테이션에 좀 더 익숙해지고 나서 알려주기로 하자.

'회의의 목적'을 설명하기가 굉장히 어렵다

이 부분은 내가 매우 중요하게 생각하는 부분이라 언제 아오이에게 설명할지는 좀 더 생각해봐야 한다. '회의의 목적'이란 말을 흔하게 사용하지만, 의미를 잘못 알고 있는 사람이 너무 많다. '목적은 논의하는 것', '목적은 정보를 공유하는 것'이라고 아무렇지도 않게 말하는 사람이 있는데, 그런 의미가 아니다. 일반적으로 무엇을 하는지만 의미하지, 무엇을 '달성'하고 싶은지가 명확하지 않기 때문이다.

논의나 공유 너머에 '논의해 실행할 수 있는 결론을 내고 싶다'거나, '정보를 공유해 모두가 특정 기기를 사용할 수 있는 상태로 만들고 싶다' 등의 뭔가가 있어야 한다. 그것이 명확하지 않으면 안 된다. 그래서 나는 가르칠 때, '목적'을 '종료 조건'이라는 말로 바꿔서 표현한다. 그래야 목적을 적절히 설정하기가 쉽다. '종료 조건'을 생각할 때는 '목적'이라는 표현으로 두루뭉술하게 넘어가지 않아야 한다.

종료 조건 설정의 예

이 부분은 좀 어려우니 구체적인 예를 들어보겠다.

가령, 상품개발부가 영업부의 과장을 소집해 다음 달 발매될 신상품에 관한 설명회 겸 미팅을 할 때, 종료 조건은 어떻게 정하면 좋을까?

잘못된 예는 다음과 같다. 뭔가를 '하는 것'은 수단에 불과하다.

✕ 신상품의 개요를 설명한다.

신상품의 개요를 설명한다는 설정은 좋은데 구체성이 없다. 그래서 참가자가 종료 조건을 선명하게 떠올리지 못한다.

△ 참가자가 신상품의 개요를 이해한 상태.

종료 조건에 맞는 좋은 상황 설정 방식은 다음과 같다.

○ 영업과장이 신상품의 개요를 부하 직원에게 설명할 수 있는 상황.
○ 영업과장이 신상품이 어떤 고객에게 효과가 있는지 이해한 상황.
○ 영업부서가 고객에게 신상품을 제안할 수 있는 상황.

종료 조건에 부합하는 상황을 구체적으로 상상할 수 있을 것이다.

지금까지 세 가지 예를 들었는데, 어떤 종료 상황을 지향하느냐에 따라 참석자의 발언도 질문의 관점도 달라진다. '부하 직원에게 설명할 수 있는 상황'과 '고객에게 제안할 수 있는 상황'이라면 참가자도 회의에 임하는 자세가 달라질 것이다. 종료 조건의 구체적인 설정은 회의의 성과와도 직결된다.

퍼실리테이션 시작하기의 어려움

사실 회의 퍼실리테이션은 시작하기가 굉장히 어렵다. 대부분의 회사 조직에 그런 토양이 없기 때문이다. 구조화된 회사 조직과 완전히 다른 회의 문화를 사원 한 명이 바꾼다는 것은 정말로 쉽지 않은 일이다. 흔히 볼 수 있는 실패 사례를 몇 가지 들어보려 한다.

실패 ① 프레임워크 등 수준 높은 기술을 시도하는 것

3C, 4P, SWOT 등 유명한 프레임워크는 회의는 물론 이론적 사고를 설명하는 온갖 책에 다 등장한다. 하지만 분명히 말해서 평범한 직장인이 SWOT를 써서 회의를 하는 일은 결단코 없다. 매일 열리는 회의를 생각해 보면 알 수 있으리라. 그런데도 무작정 프레임워크를 쓰려고 하면 낭패를 겪게 될 것이다.

실패 ② 회의의 진행자를 자처하거나 진행자를 두려고 하는 것

별안간 진행자의 역할을 하면 회의를 이끌어가는 주체로서 감당하기 힘든 기대를 받게 된다. 회의 전문가도 아닌데 과도한 기대를 받으면 되레 참가자들에게 휘둘리기 십상이다. 결국 아무 결론도 내지 못한 채 끝날 가능성이 높다. 애초에 회의를 주최하는 사람은 어느 정도 결정권을 가지고 있는 사람이다. "이번 결정은 내가 책임지겠다"라며 결론을 유도하기도 하기 때문이다. 책임자가 아닌 참석자로서 회의에 참여하는 '숨은 퍼실리테이선'으로 출발해야 하는 이유이다.

실패 ③ 회의의 목적을 잘난 체하며 확인하려는 것

회의 관련 책 첫 페이지를 보면 목적을 확인하라고 쓰여 있다. 하지만 "목적이 뭐죠?"라고 물어도 대개의 사람은 적확하게 대답하지 못한다. 그렇다고 회의 진행자에게 '목적이 애매하다'라고 대놓고 말하는 것도 금물이다. 숨은 퍼실리테이션을 할 때, 절대 잘난 척해서는 안 된다. 회의를 끌어가는 사람의 자존심이 다치지 않게, "이렇게 되면 회의 종료라고 생각해도 된다는 말이죠? 제가 이해력이 좀 부족해서…"라고 말하는 정도의 톤이나 분위기가 딱 좋다.

실패 ④ 참가자의 애매한 발언을 요약해 잘못 말하는 것

'즉'이나 '요컨대' 같은 말을 연발하면, 다른 참가자들이 '내 발언이 이해하기 힘든가?'라고 생각하게 된다. 더구나 어쭙잖게 요약을 하면 "그런 의미로 한 말이 아니야"라고 반박당하는 난처한 상황에 처할 수도 있다. 상당한 스킬이 없으면 제대로 대응하기 어려우니 좀 더 익숙해지고 나서 하는 것이 좋다.

괜한 오해를 사지 않게 발언을 확인하는 것부터 착실하게 실천하는 게 바람직하다.

3 장

필기하는 퍼실리테이션을 시작하다

●

ː '확인하는 퍼실리테이션'을 착실히 실천하다

아오이가 아빠에게 퍼실리테이션을 배우기 시작하고 벌써 두 달이 지났다. 아오이가 참석하는 회의는 연락 모임 외에도 차츰 늘어가면서 타고난 성실함으로 '확인하는 퍼실리테이션'을 착실히 실천하고 있었다.

행동에 나설 때까지는 심장이 폭발하나 싶을 정도로 긴장했으나, 일단 행동으로 옮기고 나니 의외로 아무렇지도 않았다. 아빠도 "부서 회의만이라도 빼먹지 않고 하는 게 중요해"라고 충고했다.

"넓고 얕게 시작하기보다 좁고 깊게 시작해서 효과를 경험하는 게 변화의 시작이야. 그리고 범위가 작아도 좋으니 조금씩 정착시키는 것이 회의를 바꾸는 요령이야."

확실히 그 말이 맞는다고 아오이는 생각했다. 실제로 아오이가 소속된 고객서비스과에는 회의를 할 때 '확인하지 않으면 왠지 찜찜하다'라는 분위기가 생겨나고 있었다.

한편 아오이는 회의 이외에 다른 업무로도 바빴다. 고객서비스과에는 일손이 부족해서 늘 일이 넘쳐났기 때문이다. 오늘도 아오이는 본사 빌딩 20층에 있는 사무실에서 노트북을 가지고 작업 중이었다. 콜센터에서 일하는 오퍼레이터의 다음 분기 채용 계획 자료를 작성하고 있었다.

"아, 파워포인트는 왜 이리 사용하기가 힘든 걸까……."

최근 들어, 콜센터 오퍼레이터의 이직이 줄을 이었다. 최근 1년 사이에만 송별회를 몇 번이나 열었는지 모른다.

인원 보충을 하려면 부장에게 설명하고 추가 예산을 받아야 했다. 거기에 필요한 자료를 작성하라는 미즈구치 과장의 지시가 있었다.

회의는 회의대로 힘들었고, 자료 작성 또한 편하지는 않았다. 미즈구치 과장이 별다른 지시 사항도 없이 일을 통째로 떠넘겼기 때문이다. 아빠의 말을 듣고 생각해본 '평생 회의 시간'은 실제로 평생 업무 시간의 40%을 차지하고 있었으나, 자료 작성도 그에 못지않게 시간을 잡아먹는 듯했다. 평생 자료 작성에 쓰는 시간은 얼마나 될까……. 문득 그런 생각이 아오이의 머리를 스쳤지만, 어쨌든 빨리 채용 자료를 완성하는 게 우선이었다.

"어이, 스즈카와."

유지관리부는 사무용 책상이 마주 보고 있고, 그 끄트머리가 과장 미즈구치의 자리이다. 자리를 비운 미즈구치는 사무실 한 귀퉁이에 있는 회의실에 있었다. 회의 중이던 그가 아오이를 불렀다.

"스즈카와, 여기야! 잠깐만 와봐!"

하아, 이걸로 자료 작성이 또 늦어지겠구나……. 작게 한숨을 쉬며 아오이가 회의실로 향하자 거기에는 과장인 미즈구치, 기술지원팀의 리더 고다, 콜센터 측의 리더이자 니시다의 상사인 다우치 데쓰로(田內哲郎) 주임이 있었다.

"바쁠 텐데 미안."

"아닙니다……. 과장님이 부탁하신 자료 작성을 하던 중이었어요."

이럴 때 불편한 속마음을 감추지 못하는 것이 아오이의 미숙한 점이었다.

"아, 그거? 언제쯤 될 것 같아?"

"오늘 안에는 어떻게든 완성하려고 합니다."

아오이가 지친 얼굴로 대답했다.

"내가 볼 시간도 고려하고 있겠지? 체크할 거야."

"물론 그렇기는 하지만……. 몇 시까지 제출하면 될까요?"

왠지 자료 이야기에 정신이 팔린 두 사람을 보고 고다가 어이없다는 표정을 지으며 끼어들었다.

"자, 잠깐만요. 지금 그 이야기를 하려고 스즈카와를 부른 겁니까?"

"아, 맞다. 그러니까 스즈카와는 오퍼레이터 여직원들과 사이가 좋다지? 의견을 좀 물어봤으면 하는데."

그제야 미즈구치가 본론을 말했다.

"스즈카와도 알고 있겠지만 요즘 오퍼레이터 이직률이 늘어나고 있어."

'알고 있어요. 그래서 나한테 채용 자료를 작성하라고 시킨 거잖아요'라고 아오이는 한마디 쏴주고 싶었지만 꾹 참고 얌전히 고개를 끄덕였다.

"그래서 부장님이 나한테 대책을 검토하라는 지시를 내렸어. 그런데 이직의 원인을 모르니 대책을 세울 수가 있어야지. 원인이 뭔지 먼저 확인하고 싶어서 말이야."

이제 겨우 무슨 말을 하려는지 알 것 같았다. (그런 말이구나. 지금 작성하고 있는 자료와도 연결되는 얘기잖아. 미즈구치 과장님은 본론부터 빨리 말하면 좋을 텐데…….)

"그 배경에 관해서는 다우치가 설명해줄 거야."

별안간 불똥이 튄 다우치가 "알겠습니다" 하고 어깨를 살짝 움츠리더니, 아오이에게 자리를 권하고 천천히 말하기 시작했다.

"나, 오늘 이 얘기만 벌써 세 번째야. 하지만 고다도 방금 왔으니까."

다우치는 고다와 나이가 엇비슷하지만 성격은 정반대였다. 온화한 성격에 얌전하고 회의에서도 말수가 적었다. 키가 큰데도 성격이 소심한 탓인지 자신감이 부족한 탓인지, 실제 키보다 훨씬 작아 보였다. 니시다가 오퍼레이터 관리 등 현장과 가까운 곳을 담당하고 있다면, 다우치는 콜센터의 운용 규칙 작성 등 기획 파트의 일을 맡고 있다.

"알겠습니다. 저, 이 회의는 어떻게 되면 종료라고 볼 수 있을까요?"

아오이가 평소와 같이 확인하자 다우치가 약간 당황해서 말했다.

"아아, 아직 정확히 정한 것은 없는데…….."

"이직 원인을 대강이나마 밝혀내고, 중요도가 높은 사안만 간추리면 회의 종료가 아닐까? 시간 배분은 브레인스토밍하는 데 30분, 간추리는 데에는 10분이면 되고. 과장님, 이 정도면 괜찮을까요?"

고다가 다소 의기양양한 태도로 말했다.

"괜찮아. 그래서 스즈카와도 브레인스토밍에 참여시키기로 이야기가 됐어."

미즈구치는 다시 회의와 관련된 화제로 돌아갔다.

"어, 그럼 방금 했던 얘기를 계속 해볼까. 어디까지 했더라? 맞다, 이직의 원인을 밝혀냈더니 '일이 재미없다'라는 말이 나왔다는 거지?"

"네, 매일 고객의 클레임을 듣는 게 일이다 보니… 힘에 부쳤을 거라고 생각합니다. 실제로 오퍼레이터에게도… 정신건강상 좋지 않다는 얘기도 들었고……."

다우치의 목소리는 뒤로 갈수록 점점 작아지더니 막판에는 거의 들리지 않았다. 그가 말할 때의 특징이었다.

아오이가 '목소리가 너무 작아요!'라고 마음속으로 외치는 순간 고다가 말했다.

"목소리가 너무 작아! 다우치, 배에 더 힘주고 얘기해!"

"어? 그래. 미안, 미안……."

"뭐야, 클레임을 듣는 건 타사도 마찬가지잖아. 원래 콜센터는 고객의 클레임을 받는 게 일 아닌가?"

"그게, 음, 고다, 타사와는 좀 달라. 가령 일반 소비자를 상대로 하는 콜센터라면 개인 상대라서 받는 전화가 많아도 하나하나의 압박감은 덜해. 단순한 문의 전화도 많고……. 하지만 우리처럼 기업을 상대로 하는 콜센터에서, 그것도 IT 시스템의 문의나 불만을 받는 경우에는 압박감의 무게가 다르다고. 하나라도 대응에 실수가 있으면 회사 간 문제로 발전할 가능성이 있어서, 어쨌든 무척 신경을 써야 하는 일이야."

"그건 개인이든 기업이든 같지 않나? 개인 중에도 까다로운 고객이 많고."

두 사람의 대화를 듣던 미즈구치가 끼어들었다.

"확실히 그런 요소가 있군. 다우치가 말한 대로, 기업 고객을 상대하는 우리 콜센터는 조금 특수할지도 몰라."

"으아, 본질적으로는 다르지 않다고 생각했는데 아닌가 보네."

고다도 꼬리를 내리며 다우치의 입장에 동의하듯 말했고, 미즈구치가 말을 이어갔다.

"차이가 왜 없겠어? 근무 시간도 복리후생도 다르고, 대기업 콜센터와 비교하면 장소도 그렇고. 그러고 보니 장소에 관해서도 말이 나오지 않았던가?"

아오이는 고개를 끄덕이며 동의했다.

"말씀하신 대로 장소 문제가 자주 불만 사항으로 지적되었어요. 저도 오퍼레이터에게 '전철역에서 멀다'라고 불평하는 소리를 들은 적이 있고요."

다우치도 몸을 수그리면서 해명하듯이 아오이의 말을 보충했다.

"맞아요. 역과의 거리가 너무 멀어서 비 오는 날에는 특히 힘들다고……."

"애초에 말이야, 왜 지금 장소에 콜센터를 둔 거야? 내 전임 과장 시절에 거점을 옮겼지?"

미즈구치는 팔짱을 낀 채 방관자의 말투로 말했다.

"당시 콜센터 규모가 점점 확대되고 있었거든요. 늘어난 인원에 대응하기 위해 이전했던 겁니다."

과연 다우치는 콜센터의 사정에 밝았다. 이미 10년이나 고객서비스과에 있어서인지 회사의 사정이라면 대개는 알고 있었다.

"아니, 그런 사정도 있었을지 모르지만 시설의 노후화도 큰 이유였을 거예요."

"그렇군요. 처음 알았어요."

아오이가 모르는 것도 무리는 아니다. 콜센터 거점을 이전한 것이 5년도 전의 일이었으니까.

"노후화 하니까 생각났는데, 지금의 사무실도 설비가 낡았다는 얘기가 나오고 있어."

미즈구치가 말했다.

"노후라고 할 정도로 오래되지는 않았지만 여자용 화장실이 부족하다든가, 사용하기가 불편한 것 같아요."

다우치가 말했다.

"저는 가장 가까운 역도 이용하기 불편하다는 얘기를 들은 적이 있어요. 신주쿠에서 갈아타기가 번거롭다던가. 하지만 제가 느낀 바로는… 인간관계가 가장 문제가 아닐까 생각합니다."

아오이는 말하기 거북하다는 듯이 잠시 뜸을 들이더니 말을 고르면서 이야기했다.

"음, 나도 파벌이 있다는 얘기를 들은 적이 있어."

미즈구치는 떨떠름한 표정을 지었다.

"다우치도 들은 적이 있지?"

"있습니다. 주변의 시선이 신경 쓰여서 유급휴가를 쓰지 못한다든가……."

"그런 건 여직원에게서만 볼 수 있는 현상인가. 우리는 전혀 모르는 세계라서 말이야."

"맞아요, 과장님. 여직원들에게 둘러싸여 일한다는 건 정말 쉽지 않은 일이죠."

그때, 고다가 피곤하다는 목소리로 소리 질렀다.

"적당히 좀 하지? 결론이 안 나는 논의는. 그래서 결국 뭐가 원인이라는 거야? 스즈카와, 정해진 안건을 확인해줄래?"

아오이는 당황했다. 각자가 생각나는 대로 온갖 의견을 쏟아내는 바람에 결국 무엇이 결정되었는지 잘 모르는 상태가 되었다.

"네? 아니 그게, 이직의 원인이었나요? ……설비가 낡았다는 얘기는 어떻게 되었죠?"

"화장실이 부족하다는 건 설비가 낡았다는 말이겠지?"

다우치도 고개를 갸웃거렸다.

뭔가 심상치 않은 분위기를 읽었는지 미즈구치가 튀어 오르듯이 자리에서 일어났다.

"아! 이제 다음 회의에 가야 해. 나머지는 잘 정리해둬."

미즈구치의 모습은 어느새 회의실에서 사라졌다. 그가 사라진 회의실에는 혼란스러운 공기와 불만에 찬 세 사람만이 남았다.

"참 나 원, 이런 상태에서 뭘 정리하라는 거야? 진짜 매번 일을 던져놓기만 하고."

짜증 내는 고다 옆에서 다우치가 쓴웃음을 짓고 있었다.

"뭐, 미팅하면 늘 이랬잖아."

"흠. 정해진 안건이 뭔지 잘 모르겠어. 스즈카와가 자랑하는 '정해진 안건 확인', '종료 조건 확인'도 효과가 없네. 뭐가 정해졌는지 알려 줄 수 있겠어?"

고다는 여전히 아오이에게 시비를 걸었다. 특별히 아오이에게 잘못이 있는 것은 아니었으나 왠지 죄책감이 들었다. 더 깔끔하게 끝났으면 좋았을 텐데……

"처음부터 다시 해야 되나."

고다는 그 말을 남기고 회의실을 나갔다.

"하, 뭐가 문제지? 왠지 어려워."

아오이는 거의 혼잣말처럼 조그맣게 속삭였다.

"그래? 괜찮아. 매번 이러니까. 회의라는 건 기본적으로 끝날 때까지만 참으면 되거든."

그렇게 말하고 다우치도 회의실을 뒤로했다.

(전혀 괜찮지 않아요……. 고다 주임님에게도 싫은 소리를 듣고. 내 잘못도 아닌데…….

그러고 보니 왜 니시다 팀장님을 부르지 않은 거지? 콜센터의 일이라면 니시다 팀장님에게 물어야 하지 않나? 아, 어서 자료를 작성해야 돼.)

뭘 했는지 알 수가 없는 회의에 너무 시간을 빼앗기고 말았다. 자료를 작성할 수 있는 시간이 얼마 남지 않았다. 사무실 창문 너머로 보이던 스카이트리는 밤의 어둠 속으로 빨려 들어갔는지 완전히 시야에서 사라지고 없었다.

ː 필기하는 퍼실리테이션을 배우기 시작하다

아오이는 주말 점심 무렵에야 잠에서 깼다. 전날 미즈구치가 요청한 자료를 밤늦게까지 작성하느라 막차를 타고 집에 돌아왔던 것이다. 침대 위에서 일어나 기지개를 켜고 커튼을 열어젖혔다. 햇살은 눈부셨으나 머리는 여전히 멍했다.

부엌에 가니 아빠와 엄마가 나란히 점심 준비를 하고 있었다. 오늘 두 분이 특별히 사이가 좋아 보이네. 그렇지만 굳이 점심까지 함께 만들지 않아도 되지 않나?

"잘 잤니? 늦었구나."

엄마가 감자 껍질을 벗기면서 말을 걸었다.

"뭐야? 얼굴이 왜 그렇게 부었어?"

아빠도 무자비한 코멘트를 날렸다.

"아, 좀 딸이 상처 안 받게 말할 수 없어요? 어제는 진짜 힘들었단 말이에요. 이상한 회의에 말려드는 바람에 자료 작업 시간이 모자라서……. 아, 피곤해."

아오이는 두 사람이 요리하는 모습을 지켜보면서 주방 의자에 앉았다.

"어머, 벌써 자료도 만들어? 나도 옛날에는 아빠에게 부탁을 많이 했었지."

아오이에게 커피를 건네주면서 엄마는 뭔가 그리워하는 표정으로 말했다. 엄마가 직장에 다니던 시절, 만들어야 할 자료가 있으면 아빠에게 부탁했던 것이다. 아빠가 문자 그대로 자료 작업의 프로여서, 회사 내에서 엄마는 자료 작성의 달인으로 통했던 모양이다. 어린 시절에 몇 번인가 들은 적이 있다.

"덕분에 얼마나 도움이 됐는지 몰라. 매번 상사에게 입에 침이 마르게 칭찬을 받았지. 너도 아빠한테 좀 부탁하지그러니?"

"무슨 소리야? 자기가 직접 작성하는 게 중요해."

아오이가 입을 열기도 전에 아빠가 대답했다.

"그보다 '이상한 회의'라는 게 뭐야?"

"자료 작성 따위 부탁할 생각도 없었네요. 이상한 회의는……."

아오이는 전날의 '이직 원인 규명 회의'에 관해 아빠에게 털어놓았다. 어딘가 석연치 않은 회의였다는 것, '확인하는 퍼실리테이션'이 전혀 생각대로 되지 않았다는 것, 마지막으로 다우치가 했던 "매번 이러니까"라는 말이 머릿속에 남았다는 것까지도 빠짐없이 말했다.

음식을 만들던 아빠는 아오이가 이야기를 마치자 손을 멈췄다.

"그렇구나. 슬슬 '확인하는 퍼실리테이션'의 한계가 드러나는 것인가. 어떤 논의가 있었는지 기억하니?"

"음, 논의가 두서없이 진행되어서인지 별로 기억에 남지 않아요."

잠시 생각하더니, 아오이가 기억을 되살려냈다.

"실은 회의가 끝나고 고다 주임님의 지시로 작성한 회의록이 있어요. 그걸 보면 아빠도 회의의 흐름을 알 수 있을지 몰라요."

아빠가 빙그레 웃었다.

"사실 보면 안 되지만…, 긴급 사태니까 보여주렴."

회의록은 짧았지만 참석자의 발언이 충실히 재현되어 있는 듯했다. 회의가 끝난 후 기억에만 의지해 이 정도로 재현했다니 대단한 기억력이다. 아빠는 그런 생각을 하면서 대충 훑어보고 아오이를 보았다.

"어쩐지. 이러니까 안 되지. 그래, 너는 이 회의를 보고 무슨 생각이 들었어? 어떻게든 바꿔보고 싶다는 생각은 안 들었어?"

"음, 뭐가 뭔지 알 수 없는 회의에 시간을 빼앗겨서 짜증이 났다니까요. 그 탓에 밤늦게까지 일해야 했고. 하지만 솔직히 말해서 어쩔 수 없다고 생각해요. 뭐, 어떻게도 할 수 없는걸요."

아오이의 의욕 상실은 여전히 그대로였다.

"호오, 괜찮겠어? 앞으로 3만 시간이나 그런 석연치 않은 회의에 시간을 빼앗겨도? 아니라는 걸 알면서도 왜 행동하지 않니?"

아빠는 딸의 의욕을 자극하려는 듯 공격적인 말투였다.

"하지만 '확인하는 것'만으로는 아무것도 할 수가 없는걸요. 게다가 우리 회의는 이미 충분히 좋아졌어요."

"무슨 소리야? 확인하는 것은 퍼실리테이션의 시작 단계에 불과해. '확인하는' 퍼실리테이션은 쉽게 실행할 수 있지만, 그만큼 효과는 미미해. 다음 단계는 '필기하는' 퍼실리테이션이야. 좀 어렵지만 적기만 해도 앞으로 회의는 극적으로 개선될 거다."

"네? 적는다고요? 뭘요? 어떻게요? 언제요?"

아오이의 머리는 물음표로 가득 찼다.

"논의를 그대로 받아 적는 거야. 왜 화이트보드 있지? 거기에 참가자의 발언을 그대로 받아 적는 거지. 어차피 화이트보드는 평소 거의 쓰지 않잖아."

확실히 회사에 있는 대부분의 회의실에는 화이트보드가 있다. 하지만 거의 쓰지 않는다.

"맞아요. 쓰지 않아요. 그걸 사람들 앞에 나가서 적는단 말이죠? 그건 무리예요. 저한테는 절대로 무리라고요!"

"뭐가 무리야? 적는 것뿐인데?"

"애초에 화이트보드 사용법 같은 건 배우지도 않았어요!"

이쯤 되자 아오이도 물러서지 않았다.

"배우지 않아도 화이트보드를 잘 쓰는 사람이 있으면 돼. 그 사람을 보고 배우면 되니까."

"하지만 그런 사람은 한 명도 없어요. 적어도 제 주변에는요."

아오이는 뾰로통한 얼굴로 팔짱을 끼었다.

"확실히 네 말이 맞아. 참 이상한 일인데, 아빠는 이런 거라고 해석해. 옛날부터 '회의는 높은 사람이 주도하는 것'이라는 생각이 뿌리 깊게 남아 있어. 높은 사람이 주도하면 회의가 장황하게 늘어져도 젊은 사원은 항의하기가 어렵겠지? 그렇게 되면 참는 수밖에 없지. 장황하게 늘어지는 회의밖에 경험하지 못한 채, 젊은 사원도 점점 지위가 높아지고, 다음에는 자신이 회의를 주도하게 되지. 뭐, 당연히 장황하게 늘어지는 회의가 되는 악순환에 빠져버리는 거야."

아빠의 비판은 계속되었다.

"지위가 높은 사람은 자신이 주도하는 회의가 장황하게 늘어진다고는 눈곱만치도 생각하지 않아. 왜냐하면 태어나서 지금까지 한 번도 매끄럽게 진행되는 회의를 본 적이 없으니까! 누군가가 좋은 모범을 보여서 이 대물림되는 악습을 끊어버리지 않으면 안 돼!"

"당신, 너무 흥분했어요."

가만히 지켜보던 엄마가 한마디 거들었다. 곧이어 아오이가 입을 뗐다.

"왠지 알 것 같아요. 결국 모범이 될 만한 사람이 없는 게 문제란 말이죠? 그러면 누가 모범을 보인다는 거죠?"

"물론 나지. 내가 가르칠 거야."

아빠가 천연덕스럽게 대꾸했다.

"하? 누구한테요? 우리 회사에 가르치러 오려고요?"

"무슨 소리야? 내가 가르쳐줄 테니까 네가 회의의 본질을 바꾸면

돼. 어린애라도 이해할 수 있게 가르쳐줄 테니까. 설명만이라도 잘
들으렴."

"음, 나는 절대 안 될 거라고 생각하지만 들어는 볼게요……."

딸을 설득한 아빠의 강의가 시작되었다.

⅓ 아빠의 강의 – 회의의 필기를 시작하다

"좋아, 준비됐니? 이번 과제 제출 회의는 이런 상황이라고 생각해"
라고 말하면서 아빠는 노트를 꺼내 뭔가를 써 내려갔다.

"한마디로 말하면 논의가 갈팡질팡하는 상태야. 같은 설명을 여러
번 하거나, 화제가 자꾸만 바뀌거나, 말 그대로 주제와 동떨어진 얘
기만 주고받는 데 그칠 뿐이지."

"저도 그렇다고 생각해요."

"이 문제를 해소하려면 회의 내용을 그대로 받아 적으면 돼."

"뭘 받아 적어야 되는 거죠?"

"참석자의 발언 내용을 그대로 적는 거지. 그냥 적으면 돼. 그리고
적을 때 '의견', '논점', '결정 사항'을 의식적으로 구분해서 정리하면
편하지."

아빠는 노트에 쓰면서 설명했다.

"'의견'은 발언을 그대로 받아 적는 거야. '논점'은 질문이나 의제 등을 적을 때 '질문'으로 명기하면 되고. 그러면 무엇을 논의하는지 명확히 할 수 있어. '결정 사항'은 정해진 안건, 해야 할 일을 뜻하지. 종료 조건과 시간 배분도 결정 사항에 해당돼. 확인하는 퍼실리테이션을 실시간으로 하는 느낌이랄까? 결론은 '결론'이라고 쓰고, 결정은 '결정'이라고 쓰면 알기 쉬워. 이렇게 하면 전체 논의가 한눈에 보이게 되는데……."

잠깐 말을 멈춘 아빠는 아오이의 얼굴을 흘깃 보았다.

"대체 이해할 수 없다는 얼굴을 하고 있네."

"네… 맞아요. 속기도 아니고 발언한 내용을 전부 필기하다니 무리예요. 전혀 받아들일 수가 없어요."

아오이는 고개를 갸웃거렸다.

"그렇지. 이러쿵저러쿵 말로 설명하기보다 실제로 필기해보면 실감할 수 있을 거야."

아빠는 노트를 한 장 넘겼다.

"좋아, 그러면 이 노트를 회의실에 있는 화이트보드라 생각하고 뭘 어떻게 쓰면 되는지 실제로 보여주마."

아무래도 아오이가 가져온 회의록을 넘겨보면서 노트에 적는 방식으로, 필기하는 퍼실리테이션을 보여주려는 모양이다.

<과제 제출 회의 상황>

논의가 갈팡질팡한다.

- 같은 말을 여러 번 반복한다.
- 화제가 자꾸 바뀐다.
- 다들 자기가 하고 싶은 말만 한다.
- 의견, 질문, 화제가 모두 뒤죽박죽 섞여 있다.
- 방금 했던 말을 반복하는 기분이 든다.
- 이전에 했던 논의를 다 기억하지 못한다.

<퍼실리테이션 테크닉>

4. 필기한다(회의 내용을 받아쓰기).

회의 중에 적어야 할 3가지 사항

- 의견: 발언을 그대로 받아 적는다.
- 논점: 질문과 의제를 '질문'으로 명기한다.
- 결정 사항: 정해진 안건을 '결론'으로 명기한다.
  (종료 조건, 시간 배분, 결론, 해야 할 일)

→ 논의가 구체적으로 '보이게' 된다.
→ 회의 과정을 이해만 해도 논의하기가 훨씬 편해진다.

"자, 그럼 보자. 먼저 회의에 들어가면 다우치 씨가 경위를 설명하잖아? 이건 정확하게 써둬. 그러고 나서 회의 종료 조건과 시간 배분을 확인하는군. 이건 '정해진 안건'이니까 빼먹지 말고 쓰고."

아빠가 노트에 거침없이 써 내려갔다.

"'오늘 이 얘기만 벌써 세 번째야'라고 다우치 씨가 말했는데, 이렇게 써두면 늦게 온 사람도 단박에 알 수 있겠지? 처음부터 참석한 사람도 의제를 잊어버리지 않아서 좋고."

"정말로 그러네요."

"회의를 시작할 때 최소 이것만은 써두도록 하자."

회의의 배경

- 오퍼레이터의 이직률을 낮추고 싶다.
- 부장의 지시 사항이다.
- 이직 원인을 확인하고 싶다.

종료 조건

- 이직 원인을 밝히고 중요도가 높은 안건만 간추린 상태.

시간 배분

- 이직 원인 규명   30분
- 안건 간추리기   10분

의제 : 오퍼레이터의 이직 원인에 관해

- 얼마 전에 일이 재미없다는 얘기가 나왔다.(미즈구치)
- 매일 고객의 클레임을 듣다 보니 힘에 부치는 것 같다.
  실제 오퍼레이터로부터 정신건강상 힘들다는 반응이 많다.(다우치)
- 타사도 같지 않은가? 원래 콜센터는 클레임을 받는 게 일이 아닌가?(고다)
- 타사와 다르다, 가령 일반 소비자를 상대로 하는 콜센터라면 개인을 상대.
  문의 하나하나에 대한 압박감이 덜하다.(다우치)
- 기업을 상대로 하는 콜센터라면 회사 간 분쟁으로 발전할 가능성이 있어서
  압박감이 크다.(다우치)
- 확실히 우리 콜센터는 조금 특수할지도 모른다.(미즈구치)
- 본질적으로는 다르지 않다고 생각한다.(고다)

"회의록을 보니까 이후 회의 본론에 들어가서 브레인스토밍을 시작하잖아. 나라면 제일 먼저 의제를 쓸 거야. 이 경우 '이직 원인을 밝힌다'가 의제겠지. 그렇게 하고 나서 참석자들의 발언을 써 내려가면 돼. 여기 '일이 재미없다'라는 의견이 나왔다고 쓰여 있네. 그걸 받은 다우치 씨가 '클레임이 힘에 부친다'라고 말하잖아. 이 말을 그대로 받아 적으면 되겠지."

아빠는 아오이의 회의록을 토대로 회의 발언을 정리하며 써 내려갔다.

"이어서 고다 씨가 '힘에 부치는 건 타사도 마찬가지 아닌가?'라고 물어. 이건 의견이 아니라 질문이야. 새로운 논점이라고 바꿔 말해도 좋겠지. 요컨대 '질문'이라 쓰고 논점을 제시하는 거야."

아빠는 고다 씨의 발언을 '질문'이라고 노트에 쓰면서 설명했다.

"이런 질문·논점이 나오자 '이직 원인을 밝힌다'라는 논의에서 '힘든 강도가 타사와 같은가 다른가'라는 논의로 전환돼. 봐, 그다음에 이어지는 의견은 '대기업은 압박감이 커', '그럴지도 몰라', '본질은 같지 않아?'라는 느낌이지"라고 말하면서 다시 노트에 필기했다.

"이건 '힘에 부치는 건 타사도 같지 않나?'라는 질문에 대한 의견들이야. 이런 경우, 이렇게 단락을 나눠서 쓰면 깔끔하게 정리가 돼. 어때?"

회의의 배경

- 오퍼레이터의 이직률을 낮추고 싶다.
- 부장의 지시 사항이다.
- 이직 원인을 확인하고 싶다.

종료 조건

- 이직 원인을 밝히고 중요도가 높은 안건만 간추린 상태.

시간 배분

- 이직 원인 규명   30분
- 안건 간추리기   10분

이직 원인을 밝힌다

1. 일이 재미없다.

- 클레임이 힘에 부친다.

  (질문) 힘에 부치는 것은 타사도 마찬가지 아닌가?

  ○ 기업을 상대로 하면 압박감이 더 크다.
  ○ 그럴지도 모르겠다.
  ○ 본질은 같지 않은가?

"과연!"

아오이는 감탄했다. 회의 필기를 하니까 전체 내용이 한눈에 들어왔다. 무엇에 대한 의견인지, 또 각자가 어떤 관계인지 파악하기가 훨씬 쉬웠다. 회의 당시에는 논의가 뒤죽박죽이어서 뭔가 두서없다는 느낌이었는데, 이렇게 적어놓고 보니 의견 간의 관계가 보다 잘 정리되었다.

아빠는 만족스러운 듯이 고개를 끄덕이며 설명을 이어나갔다.

"논의는 '질문(논점)'에 대한 '응답(의견)'이 겹겹이 쌓여서 성립돼. 그리고 복수의 질문(논점)을 동시에 논의한다는 것은 불가능하지. 다시 말해, 논의가 합의에 도달하기 위해서는 '바로 지금, 어떤 질문(논점)에 관해 이야기할까?'를 명확히 하는 것이 아주 중요해.

그런데 앞선 질문에 대한 결론도 나오지 않았는데, 미즈구치 과장이 '근무 시간'도 '복리후생'도 '장소'도 타사 환경과 다르다는 발언을 잇달아 하는 거야. 이러면 이야기가 '이직 원인을 밝힌다'로 되돌아가는 거란다. 그럴 때는 이렇게 적으면 돼."

아빠는 노트에 '결론'이라고 적었으나, 그 후에는 '물음표(?)'만 쓰고 더 이상 쓰지 않았다.

"참고로 '의견'은 참가자의 발언을 그대로 받아 적되, 전부를 정확하게 쓸 필요는 없어. 발언의 의도만 알면 되니까. 이 정도만 써도 흐름은 충분히 이해하겠지?"

"네. 확실히 그래요."

"그리고 나서 이직 원인에 해당되는 안건에 번호를 매겨두면 나중에 논의할 때 편리해. 몇 가지 방안이 나열될 때는 번호를 매기면 헷갈리지 않지."

아빠가 설명을 덧붙였다.

회의의 배경

- 오퍼레이터의 이직률을 낮추고 싶다.
- 부장의 지시 사항이다.
- 이직 원인을 확인하고 싶다.

종료 조건

- 이직 원인을 밝히고 중요도가 높은 안건만 간추린 상태.

시간 배분

- 이직 원인 규명   30분
- 안건 간추리기   10분

이직 원인을 밝힌다

1. 일이 재미없다.

- 클레임이 힘에 부친다.

  질문) 힘에 부치는 것은 타사도 마찬가지 아닌가?

  - o 기업을 상대로 하면 압박감이 더 크다.
  - o 그럴지도 모르겠다.
  - o 본질은 같지 않은가?

  결론?

2. 근무 시간

3. 복리후생

4. 장소

의제 : 오퍼레이터의 이직 원인에 관해

- 본질적으로는 다르지 않다고 생각한다.(고다)
- 차이가 많다. 근무 시간도 복리후생도 다르다. 대기업과 비교하면 장소도 좋지 않다. 장소에 관한 얘기가 나오지 않았나?(미즈구치)
- 전철역과의 거리가 너무 멀어서 비 오는 날에는 너무 힘들다고 오퍼레이터가 툴툴대며 불평했다.(다우치)
- 애초에, 왜 지금의 장소에 콜센터를 둔 것일까? 전임 과장 시절에 이 장소로 옮겼을 것이다.(미즈구치)
- 콜센터 규모가 점점 확장되면서 인원 증가에 대응하기 위해 이전했다.(다우치)
- 시설의 노후화도 중요한 이유였을 것이다.(고다)

"회의록에는 이어서 장소에 관한 의견이 나오는군. '전철역에서 좀 멀다'든가 하는. 이것도 적어놓자."

아오이는 말없이 아빠의 노트를 쳐다보았다.

"또 미즈구치 과장이 새로운 의문을 제기했네. '왜 지금의 장소에 콜센터를 둔 거지?', 이 질문에 대답하는 형태로 '인원이 늘어나서'나 '시설 노후화에 대응하기 위해'라는 의견이 나왔어. 그럴 때는 이런 식으로 적어두면 알기 쉬워."

아빠의 노트가 절반가량 채워졌다. 확실히 이것만 봐도 논의의 흐름이 잘 보였다. 아오이는 화이트보드를 이런 식으로 쓰는 사람을 본 적이 없었다. 아오이가 다니는 회사에서도 기껏 써봤자 메모를 휘갈겨 쓰거나, 시스템과 네트워크 구성도를 그려내는 정도였다.

당일의 논의에서는 각자의 발언이 떠올랐다가 사라지고 저마다 제 할 말만 했는데, 이 노트에는 발언이 정확하게 담겨 있었다. 발언을 그대로 필기했을 뿐인데, 논의의 흐름이 확연히 정리되었다. 아빠의 노트 위에서 논의가 재현되는 듯한 느낌이었다.

회의의 배경

- 오퍼레이터의 이직률을 낮추고 싶다.
- 부장의 지시 사항이다.
- 이직 원인을 확인하고 싶다.

종료 조건

- 이직 원인을 밝히고 중요도가 높은 안건만 간추린 상태.

시간 배분

- 이직 원인 규명   30분
- 안건 간추리기   10분

이직 원인을 밝힌다

1. 일이 재미없다.

• 클레임이 힘에 부친다.

> 질문 힘에 부치는 것은 타사도 마찬가지 아닌가?

   o 기업을 상대로 하면 압박감이 더 크다.
   o 그럴지도 모르겠다.
   o 본질은 같지 않은가?

> 결론?

2. 근무 시간

3. 복리후생

4. 장소

• 전철역에서 멀다.
• 오퍼레이터들이 툴툴대며 불평한다.

> 질문 왜 지금의 장소에?

   o 인원의 증가가 이유.
   o 시설 노후화 대책은 무엇?

의제 : 오퍼레이터의 이직 원인에 관해

- 애초에, 왜 지금의 장소에 콜센터를 둔 것일까?
  전임 과장 시절에 거점을 옮겼을 것이다.(미즈구치)
- 콜센터 규모가 점점 확장되면서 인원 증가에 대응하기 위해 이전했다.(다
  우치)
- 시설의 노후화도 중요한 이유였을 것이다.(고다)
- 노후화에 대한 대책으로 장소를 옮겼으나 지금은 설비가 낡았다는 지적
  이 나왔다.(미즈구치)
- 여성용 화장실 수가 적다는 이야기가 나왔다.(다우치)
- 가장 가까운 전철역도 접근성이 나빠서 불편하다고 들었다.
  신주쿠역에서 갈아타기가 번거롭다.(스즈카와)
- 점심을 먹으러 나가기도 힘들다.(고다)
- 오퍼레이터는 대부분 도시락을 가지고 온다.(다우치)
- 이직에는 영향이 없을지도 모른다, 인간관계가 가장 문제 아닐까?(스즈
  카와)

"화이트보드라고 하면 도표와 그림이 그려진 광경이 제일 먼저 떠오르는데 이건 좀 다르네요."

"우리도 그림과 도표는 그려. 하지만 쉽지가 않지. 그림이나 도표를 활용해 필기하는 방법을 가르치는 책들도 시중에 많아. 그런데 솔직하게 말하면, 프로 퍼실리테이터라도 단시간에 적확하게 도해로 그려서 보여주기란 어려운 일이야."

"흠, 그렇군요. 그림이 아니라니 좀 안심이 돼요. 하지만 제가 이런 식으로 쓸 수 있을지는 자신이 없어요……."

아오이가 불안한 듯 말했지만 아빠는 듣지 않았다. 다시 회의록에 눈을 돌린 아빠는 별 상관 없다는 듯이 말했다.

"이어서 설비에 관한 이야기가 나와. 미즈구치 과장이 또 화제를 바꿨어. 여기저기 신경이 쓰이는 모양이지? 궁금한 걸 못 참는 스타일인가? 이런 사람이 있으면 회의가 산으로 가지만, 퍼실리테이터로서는 솜씨를 발휘할 기회이기도 해."

그러고 보니 정말로 그럴지도 모른다. 미즈구치 과장이 이끄는 회의는 다양한 의견이 너무 많이 나와서 좀체 결론이 나지 않는다. 이게 전부 미즈구치 과장 탓이었나……? 아오이가 복잡한 표정을 지었다.

아빠는 마지막에 나온 인간관계에 관한 의견을 필기하고 펜을 내려놓았다.

회의의 배경

- 오퍼레이터의 이직률을 낮추고 싶다.
- 부장의 지시 사항이다.
- 이직 원인을 확인하고 싶다.

종료 조건

- 이직 원인을 밝히고 중요도가 높은 안건만 간추린 상태.

시간 배분

- 이직 원인 규명   30분
- 안건 간추리기   10분

이직 원인을 밝힌다

1. 일이 재미없다.

- 클레임이 힘에 부친다.

  (질문) 힘에 부치는 것은 타사도 마찬가지 아닌가?

  ○ 기업을 상대로 하면 압박감이 더 크다.
  ○ 그럴지도 모르겠다.
  ○ 본질은 같지 않은가?

  (결론?)

2. 근무 시간

3. 복리후생

4. 장소

- 전철역에서 멀다.
- 오퍼레이터들이
  툴툴대며 불평한다.

  (질문) 왜 지금의 장소에?

  ○ 인원의 증가가 이유.
  ○ 시설 노후화 대책은 무엇?

5. 설비가 낡았다.

- 여성용 화장실이 부족하다.

6. 가장 가까운 전철역이 불편하다.

- 신주쿠에서 전철을 갈아타기가 불편.

7. 인간관계

- 사무실 내 파벌 있음.
- 남의 시선이 신경 쓰여
  휴가를 얻지 못한다.

"대충 이런 느낌이야. 어때? 원래 회의 참석자는 다른 사람이 하는 말을 잘 듣지 않아. 다음에 자신이 무슨 말을 할지 생각하거나, 아니면 다른 업무를 생각할 때가 많아. 이렇게 적어놓으면 회의 중에 다소 흘려들을지라도 논의를 확실히 따라갈 수 있겠지?"

"그렇네요. 잠시 딴생각하다 놓쳐도 괜찮고, 나중에 다시 보기에도 편리해요. 미즈구치 과장이 연거푸 새로운 화제를 들고 나오는 통에 혼란스러웠는데, 지금 보니 그 나름의 원인이 보이네요……."

"응응, 그렇지."

"7가지 원인이 제시되었는데, 첫 번째인 '일이 재미없다'를 원인으로 생각할 것인지는 정해지지 않은 거지? 결론이 나오기 전에 다음으로 넘어갔으니까……."

아오이는 노트를 가리키면서 혼잣말처럼 중얼거렸다.

"그런가, 다시 한번 결론을 내기 위해 이전 논의로 돌아가면 좋았을 텐데!"

"제법이네! 그런 거야. 필기한 걸 보기만 해도 회의 내용이 한눈에 정리되는 느낌이 들지?"

아빠의 말을 듣고 보니 그럴지도 모른다. 당일에는 전혀 보이지 않던 것을 필기를 보니까 일목요연하게 파악할 수 있었다.

아오이의 생각을 읽기라도 한 듯이 아빠가 이어서 말했다.

"물론 보이지 않던 게 갑자기 보이는 건 아니야. 아무것도 적지 않고 논의하는 건 눈 감고 장기를 두는 것과 같아. 과거에 했던 발언을 전부 머릿속에 기억하고 다음 수를 생각해야 하니까. 그런데 이걸 필기가 대신 해주니, 남은 에너지는 정말로 생각해야 하는 일에 쏟을 수 있겠지? 어때, 필기 효과가 참 좋지?"

아빠가 의기양양한 표정을 지으며 말을 이어갔다.

"회의에서는 자꾸 논점이 달라지니까 모든 발언을 기억할 수가 없어. 인간이 한 번에 기억할 수 있는 키워드는 7가지가 한계라고 해. 적어놓지 않으면 바로 잊어버리지. 그리고 그림이나 도표는 없어도 돼."

듣고 보니 정말로 아빠의 노트에는 그림이 하나도 없었다. 글자만 적혀 있는데도 이해하기가 쉬웠다. 이거라면 회의록도 대신할 수 있으리라.

그래도 아오이는 새로운 것에 도전하는 데에는 거부감이 들었다. 더구나 회의 필기는 사람들 앞에 나서야 한다. 너무 부담스럽다.

"잘 알았어요. 하지만 오늘은 회의록이 있어서 쓰기 쉬웠던 게 아닐까요? 실제 회의장에서 모든 발언을 이해하면서 필기한다는 게 너무 어려워 보여요. 절대 무리예요."

"전혀 문제없다니까. 미처 쓰지 못한 부분은 확인하면 돼. '죄송해요. 받아쓰지 못해서 그러는데 다시 한번 말해주시겠어요?'라거나 '죄송해요, 방금 말씀하신 의견은 어떻게 정리하면 좋을까요?'라고 물어보면 돼. 발언하는 사람도 두서없이 말하다가 정리하는 기회가 될 거야. 회의 참가자 모두가 안건을 더 깊게 이해하게 되니 누이 좋고 매부 좋은 셈이지. 확인에 관해서는 이미 프로잖아?"

그건 그렇다. 이미 시작했으니 포기할 수 없는 노릇이지만, 솔직히 잘할 자신이 없다. 하지만 저렇게 우쭐대는 표정을 하고 있는 아빠에게 무슨 말을 해도 안 통할 게 뻔하다. 아오이는 울며 겨자 먹기의 심정으로 "한번 해볼게요……"라고 나직이 말했다.

아빠의 일기 3

마침내 회의 필기를 설명했다. 이제야 겨우 진정한 퍼실리테이션의 세계에 들어왔구나. 앞으로가 기대된다. 잘하면 금세 효과가 나타나서 단숨에 정착될 가능성이 있다.

한편으로 남들 앞에 나서기가 부담스러운 데다 필기 자체가 어려워서 잘 해내기가 어려운 면도 있다. 아오이는 잘할 수 있을까? 사실 필기를 시작하는 계기를 만드는 것도 쉽지 않다. 그 아이는 배짱이 없으니까 여러모로 신경이 쓰인다.

그러면 다 전하지 못한 필기의 요령을 적어보자.

① 글씨는 고딕체로 한다

붓으로 흘려 쓴 듯한 글씨체는 필기에 맞지 않는다. 읽기 힘들기 때문이

| 글씨체 | ○ 글씨는 고딕체로 | 꼬부랑 글씨는 아웃 | ○ 또박또박 공들여 쓴다 |
| | X 흘려 쓴 글씨는 읽기 어렵다 | | X 또박또박 공들여 쓴다 |

다. 우리가 익히 알고 있는 명조체보다 고딕체에 가까운 서체가 읽기 편하다. 네모반듯하게 쓰면 좋을 것이다.

② 또박또박 공들여 쓴다

글씨를 잘 쓸 필요는 없지만 지저분하게 쓰면 안 된다. 글씨를 지렁이가 기어가듯이 꼬불꼬불 쓰면 읽을 수가 없어서 필기하는 의미가 없다. 자기만 보는 메모가 아니니 보는 사람을 생각해서 또박또박 정자로 쓰도록 한다. 꼬부랑글씨를 잔뜩 쓸 바에는 키워드만 또박또박 공들여 쓰는 편이 훨씬 낫다.

③ 행간은 넓게 한다. 글자 간격은 좁아도 오케이(OK)

행간이 좁으면 무질서한 느낌이 들어서 읽기 불편하다. 반면에 글자 사이는 간격이 좁아도 의외로 읽기 편하다.

④ 네모난 펜촉을 쓴다

아 참, 펜촉은 '둥근' 것보다 '네모난' 것이 쓰기 편하다. 두꺼운 쪽을 세로로 쓰고, 얇은 쪽을 가로로 쓰면 글씨가 깔끔해 보인다. 사소한 팁이지만 알아두면 필기할 때 훨씬 편하다.

글자 간격과 행간	X 행간이 좁으면 읽기 힘들어서 두서없는 느낌이 든다.	○ 행간을 넓히면 읽기 편하니 한번 시도해보자.	펜의 쓰임새	○ 펜촉도 중요 X 펜촉도 중요

: A3 용지에 회의의 필기를 시작하다

아빠의 필기 강의 후 하루가 지났다. 오늘은 오후에 가타자와와 단둘이 미팅이 예정되어 있었다. 회의 필기에 도전할 절호의 기회이다.

(하지만 내가 갑자기 화이트보드에 적기 시작하면 선배(가타자와 씨)가 '뭐 대단한 거라도 쓰려는 건가?' 하고 기대하며 지켜볼 텐데. 제대로 적지 못하면 망신을 당할 테고, 실패하면 자신감을 잃겠지…… 그냥 적기만 하는 건데, 선배와 나밖에 없는데…, 그래도 떨리면 어떻게 하지…….)

새로운 걸 시작하면 좋든 싫든 부담감이 커진다. '부끄럽다'거나 '실패하고 싶지 않다'는 심리적 압박감을 견디기 힘들다. 그렇다고 이대로 있다가는 영원히 회의 필기를 시작할 수 없다.

(아빠가 하는 걸 보면 틀림없이 효과가 있어. 노트에 적기만 해도 한눈에 보였으니까. … 노트?)

아오이는 좋은 생각이 떠올랐다.

(갑자기 앞에 나가서 쓰는 건 무리지만, 아빠처럼 종이를 앞에 놓고 화이트보드 대신 쓰면 되지 않을까? 앞에 나가지 않아도 되고, 나만 보이게 메모하는 거니 부끄러울 이유도 없지. 약간 큰 A3 용지라면 선배한테도 보일 거고!)

'조그만 메모장에 쓰는 자기만의 기록'과 '화이트보드에 써서 전원이 보는 회의 필기'의 중간쯤 될 것이다. 회의 참가자가 같이 보려고 하면 얼마든지 볼 수 있는 메모라서 필기를 연습하기에 안성맞춤이다.

아오이는 복사기에서 A3 용지를 꺼내 노트에 두세 장 끼워 넣었다.

"샤프펜슬로 쓸까? 아니, 사인펜이 좋겠다. 다른 사람들도 잘 볼 수 있게 크게 쓰자. 그래. 좋은 예감이 들어!"

아오이가 자문자답을 하며 미팅 준비를 마쳤을 때 가타자와가 말을 걸었다.

"아오이, 슬슬 미팅을 시작해볼까?"

"네!"

미팅의 주제는 신입사원 교육 계획이었다. 기초연수를 마치고 각 부서에 발령을 받은 신입사원은 현장에서 반년가량 직무 교육(OJT, On the Job Training)을 받은 후, 정식으로 부서 배치를 받게 된다. 이때, 실무 교육 내용은 각 부서에서 맡는다. 그리고 유지관리부의 교육 담당이 가타자와와 아오이였다.

사무실 귀퉁이에 있는 회의실로 이동한 두 사람은 바로 논의에 들어갔다. 가타자와가 종료 조건과 시간 배분을 확인했다.

"음, 이 정도면 괜찮을까?"

"네. 괜찮은 것 같습니다."

아오이는 바로 앞에 놓인 A3 용지에 종료 조건과 의제, 시간 배분을 필기했다. 이 정도는 어렵지 않게 쓸 수 있다.

가타자와는 아오이가 필기하는 A3 용지를 보며, "먼저 첫 번째 의제부터" 하고 논의를 시작했다. 아오이의 예상대로 가타자와는 아오이의 A3 용지에 주목했다.

"이번에 입사한 신입사원으로 OO대학에서 프로젝트 매니지먼트를 공부한 모양이야. 그래서 기초연수 상황을 인사과에 문의해보았는데……."

가타자와가 하는 말을 들으면서 아오이는 A3 용지에 필기했다. (아, 선배의 말이 너무 빨라…….)

"선배, 방금 했던 말 한 번만 더 해주시겠어요?"

"아, 한마디로 말해서 지레짐작하는 급한 성격 같아. 차분하게 일한다면 우수한 인재가 될 것 같은데… 응응. 그렇게 쓰면 돼."

아오이가 뭐라고 말하지는 않았지만, 미팅은 두 사람 사이에 있는 A3 용지를 중심으로 진행되었다. 미팅이 한차례 끝나자 가타자와는 눈을 크게 뜨고 몸을 앞으로 쑥 내밀었다.

"아오이, 이렇게 적으니 한눈에 들어오네."

"헤헤, 맞아요. 아빠한테 듣고 해본 거예요. 아빠 말로는 이렇게 적는 걸 회의 필기라고 한대요."

"오호. 보통 회의에서는 다들 자기 노트나 작은 메모장에 깨알만 한 글씨로 메모하지 않나? 대신 누구 한 사람이 나서서 쓰면, 다른 사람들은 회의에 집중할 수 있겠네. 이렇게 쓴 걸 중심으로 논의를 진행하면 훨씬 효율적이고. 음, 좋은 방법인데."

아오이는 비로소 깨달았다. 같은 내용을 저마다 다른 종이에 자기만 알 수 있게 메모하다니 이상하지 않은가? '회의할 때는 각자 노트에 적는 것'이 상식이라고 생각했지만, 누구 한 명이 필기를 하고 나머지는 논의에 집중하는 편이 훨씬 효율적이다.

"하지만 이야기 흐름이 빨라서 전부 받아 적지 못했어요. 논의도 꽤 가로막았고, 또 두 사람이라면 이렇게 해도 괜찮지만 네 명 이상 보이는 회의에서는 화이트보드에 써야 글씨가 보이겠죠?"

"논의를 가로막는 건 어쩔 수 없어. 이걸 '이직 원인 규명 회의'에서 시도해보면 어떨까? 나도 다음 회의부터 참석하게 됐는데, 이거 아주 효율적일 것 같은 기분이 들거든."

"저도 그렇게 생각하고 싶지만…, 화이트보드에 쓰는 건 무리예요. 사람들 앞에 나서는 것도 부담스럽고, 무엇보다 발언 내용을 적겠다고 먼저 말을 꺼낼 수가 없어요."

아오이는 따발총 쏘듯 변명을 늘어놓았다. 하지만 가타자와는 그런 변명에도 아랑곳하지 않았다.

"그거? 그런 거라면 나한테 맡겨! 필기하기 편한 환경을 만들어줄 테니까."

불안한 표정의 아오이를 보는 둥 마는 둥 하며 가타자와는 장난치듯 윙크를 했다.

: 회의 필기할 때 무엇이 어려운가?

그날 밤. 아오이가 불안한 표정으로 아빠 앞에 앉았다. 가타자와의 등쌀에 못 이겨 화이트보드에 필기를 하게 됐다. 이렇게 되면 지푸라기든 아빠든 잡고 매달리는 수밖에 없다. 아오이가 A3 용지에 필기

했던 일과 가타자와와 나눈 대화를 털어놓자, 아빠가 만족스러운 듯이 고개를 끄덕였다.

"A3 용지에 필기를 했다고? 야, 좋은 아이디어를 생각해냈구나."

"그렇죠! 나도 열심히 했죠?"

아오이는 한순간 의기양양해졌다가 이내 표정이 어두워졌다.

"아빠. 간단한 것처럼 말했지만 필기하기가 그렇게 쉽지가 않아요. 아빠라서 할 수 있는 게 아닐까요?"

"그런가? 하지만 해보고 나서 느낀 것도 많을 거 아니야? 일단 해보지 않으면 한 발짝도 앞으로 나아갈 수가 없어. A3 용지든 뭐든 너 스스로 해봤다니 칭찬받아 마땅하다."

아빠는 꽤 만족스러운 듯이 보였다.

설거지를 하던 엄마도 한마디 보탰다.

"정말이야. 어릴 때도 넌 뭐든 '못 해', '무서워'라고 말했으니까."

"내 성격이 어때서요? 엄마에게 물려받은 신중한 성격인걸!"

"그래. 막상 해보니 구체적으로 어떤 점이 힘들었어?"

아빠의 질문에 아오이는 다시 생각해보았다.

"음, 제일 힘든 건 '다 적지 못한다'라는 점이에요. 말하는 속도를 도저히 따라잡을 수가 없었어요. 제대로 따라가지 못하니까 어느 정도 듣고 나서 요약해서 쓰려고 해요. 그러면 이번에는 요약하기가 어려워서 생각하는 데 시간이 걸리고, 그러다 보면 바로 다음 화제로 넘어가 버리니까 회의 흐름을 놓쳐버리고 말죠."

"역시, 속도에 관한 고민이구나. 자주 듣는 얘기야. 그러면 고민 해결을 위한 힌트를 가르쳐주지."

"자주 듣는 얘기라니요? 그러면 처음부터 가르쳐줬어야죠!"

"무슨 소리야. '속도를 따라갈 수 없다'라는 걸 필기해보고 나서야 알았잖아. 먼저 해보고 뜻대로 되지 않아서 난감하다, 그래서 해결책이 필요하다, 그런 간절함이 없는 사람한테는 해결책부터 알려줘 봤자 아무 소용 없어."

"그건 그렇지만⋯ 됐으니까 어서 비결을 가르쳐줘요!"

"결론부터 말하자면 '서툰 요약은 시간 낭비일 뿐, 아무짝에도 쓸모가 없다. 생략해서 쓰는 게 좋다'라는 거야. 다른 사람의 말을 요약하는 건 굉장히 어려워. 억지로 요약했다가 역효과가 날 때도 많고. '나는 그런 의미로 말한 게 아니야!'라고 화내는 사람도 있거든. 그래서 그대로 받아 적는 게 좋아. 하지만 당연히 다 받아 적을 수는 없겠지? 그럴 때는 생략해서 쓰면 돼."

"생략이라니, 뭘 어떻게 한다는 거죠? 요약하고는 어떻게 다른데요?"

아오이는 답답한 마음을 토로했다. 생략하고 싶지만 생략하는 방법을 모르는 자신에 대한 짜증이 묻어나는 말투였다.

"진정해. 예를 들어 기호를 적절하게 활용하거나, 알파벳으로 생략하거나, 약자를 만들어서 쓸 수도 있어. 이런 느낌이지."

아빠는 노트에 예를 들어 쓰기 시작했다.

"생략하는 요령은 자수와 획수를 최대한 줄이는 거야. 어쨌거나 회의에 참가한 사람들이 이해하면 되니까."

아오이는 가만히 노트를 들여다보았다.

<필기 속도를 올리는 요령>

1. 기호로 단어를 생략한다.

'올린다, 내린다' → '↑, ↓'

'좋다, 나쁘다' → 'O, ✕'

'크다, 작다' → '대(大), 소(小)'

2. 줄임말로 자수를 줄인다.

'논의가 필요하다' → '논필'

'고객의 클레임' → '고클'

3. 외래어는 알파벳으로 써서 생략한다.

'오퍼레이터' → 'OP'

'트레이닝' → 'TR'

'시간당' → '/h'

4. 키워드만 고르고 쓸데없이 긴 표현이나 어미는 생략한다.

'나는 오퍼레이터가 이직하는 경향이 문제라고 생각합니다.'

→ 'OP의 이직 문제?'

"4번은 생략이라고 표현하지만, 발언 중에 키워드만 골라서 그냥 짧게 쓴 것뿐이야. 그렇게 어렵지 않아. 이걸 잘하게 되면 받아 적는 속도가 훨씬 빨라질 거야."

확실히 자수와 획수가 압도적으로 줄어들었다. 익숙해지기만 하면 필기 속도가 제법 오를 것이다.

"흠. 그렇군요. 이치상으로는 알겠는데, 제대로 하려면 쉽지 않겠지요?"

"연습하는 수밖에 없어. 익숙해지면 금세 할 수 있을 거야. 지금처럼 A3 용지에 필기하는 게 좋은 연습이 될 테니 열심히 해봐."

: 화이트보드 펜의 색깔은 2가지로 충분

아빠의 격려를 받으며 아오이는 마음에 걸리는 것을 하나 더 물어보았다.

"응. 실은 고민이 또 있어요. 색을 구분하는 건데요, 무슨 색을 쓸까 고민하다가 다음 화제를 놓쳐버리는 일도 있을 거고요. 아빠는 색을 어떻게 섞어서 써요?"

"색이라. 이것도 결론부터 말하자면 처음에는 두 가지 색만 써도 돼."

"네? 두 가지 색이오? 회사에 있는 화이트보드에는 색깔별로 펜이 있는데요. 빨간색, 파란색, 녹색, 보라색……."

"익숙해지면 여러 가지 색을 함께 써도 되지만, 처음에는 심플하게 두 가지 색을 쓰는 게 좋아. 보통은 검은색, 정해진 안건이나 해야 할 일은 빨간색으로 쓰면 충분해. 나중에 다시 볼 때도 중요한 포인트가 빨간색으로 쓰여 있으면 구별하기도 편하고."

"그래요? 좀 더 컬러풀하게 쓰면 좋겠는데……."

"아니. 심플한 게 좋아. 필기의 목적은 논의를 눈에 보이게 만들고 합의를 빨리 도출하는 데 있어. 예쁘고 멋지게 쓰는 게 목적은 아니지. 아빠 노트를 봐, 검은색 일색이지? 그래도 한눈에 이해할 수 있게 쓰여 있다고 생각하지 않아?"

들고 보니 그랬다. 아빠의 노트는 검은색으로 단조로웠지만 일목요연하게 정리된 느낌이었다.

"알았어요, 두 가지 색으로 연습할게요."

아오이는 순순히 동의했다. 설거지를 마친 엄마가 아빠 옆에 앉았다.

"어머, 금방이라도 울 것 같은 표정이더니 기분이 좀 풀렸어?"

엄마 말대로 아오이의 얼굴에는 웃음이 돌아와 있었다.

그로부터 3일 후, 아오이는 평소와 같은 시간에 회사 근처에 있는 전철역보다 한 정거장 먼저 내렸다. 최근에는 출근할 때 회사까지 걷는 시간을 좀 더 늘렸다. 기분 좋은 계절 덕분인지 걷는 것도 상쾌했다.

아직 닫혀 있는 상점가를 빠져나와 넓은 공원을 가로질렀다. 개를 산책시키는 주민이 몇몇 보였다. 아오이는 이 공원이 좋았다. 오피스

빌딩가 한복판에 있는 한적한 공원의 푸르른 자연과 작은 개천이 도시의 오아시스를 연상시켰다. 바쁜 일상에 쫓기면서도 이곳에 오면 기분이 재충전되는 기분이었다.

공원을 빠져나오자 회사에서 가장 가까운 전철역이 눈에 들어왔다. 여기서부터는 출근하는 직장인들의 소용돌이에 휩쓸리게 된다. 힐링하는 시간도 여기까지라고 생각한 순간, 누가 어깨를 툭 쳤다.

"안녕? 뭐야, 한 정거장 걸어왔어?"

가타자와였다. 전철역에서 회사 사람을 만나는 건 드문 일이 아니다. 출근 시간대가 같으니 당연한 일이기는 하지만.

"안녕하세요? 한 정거장 먼저 내려서 걸어오면 기분이 좋거든요. 선배도 걸어보면 어때요?"

"어, 아직은 좀 덥지 않아? 좀 더 시원해지면 걸어볼게."

두 사람은 출근 인파에 섞여 걷기 시작했다. 여기서부터 회사까지는 5~6분이 걸린다.

"오늘 회의가 있는 날이죠? 어떻게 시작하면 좋을까요? 저 벌써 긴장해서 심장이 두근거려요…….''

오늘은 지난번 어수선했던 '이직 원인 규명 회의'가 두 번째로 열릴 예정이다. 지난번과 같은 참석자들과 같은 의제를 논의하게 된다. 다른 점은 아오이가 화이트보드에 필기를 할 예정이라는 것이다. 잘할 수 있을까, 실패하지 않을까, 그리고 고다의 빈정거림은 어떻게 이겨내나……. 생각만 해도 심장이 튀어나올 것 같았다.

그런데 도와주기로 했던 가타자와는 천하태평이었다.

"괜찮아, 괜찮아. 내게 맡겨둬. 이 가타자와가 아오이 님을 위해 필기하기 편한 환경을 만들어드릴 테니."

"농담할 때가 아니에요. 저는 긴장해서 한숨도 못 잤다고요."

"아이고, 그랬구나. 실은 나 어제 회의 필기 강연을 들었어. 비즈니스 잡지에서 주최하는 공개 세미나인데 좋은 기회를 잡았지."

"정말요? 이렇게 딱 좋은 시기에 트레이닝을 받다니요."

"접수 마감을 한 상태라 그냥 무작정 찾아갔어. 아오이의 A3 필기를 봤더니 나도 관심이 가더라고. 원래는 인원이 꽉 차서 자리가 없었는데, 잘 부탁해서 들어갈 수 있었지."

가타자와는 엄지손가락을 세워 보였다.

"정말 좋았어. 새로운 걸 배우니까 참 즐겁더라. 그런데 그 강사님 말이야, 혹시 아오이의 아버님이 아닐까?"

가타자와는 회의 필기 수업 교재를 가방에서 꺼내 아오이에게 보여주었다. 아니나 다를까, 표지에는 '강사 스즈카와 요시쓰네(鈴川義経)'라고 쓰여 있었다.

"아, 아빠가 맞아요……."

가끔 외부 강연을 한다는 건 알고 있었지만 필기 수업을 할 줄이야.

"역시, 아버님 대단하시다! 수업 내용이 좋은 건 물론이고, 프레젠테이션과 질의응답도 아주 훌륭했다니까……."

두 사람이 대화를 주고받는 사이에 회사 로비에 도착했다. 정신을 차리고 보니 긴장도 다소 풀렸다. 하는 데까지 해봐야지, 아오이는 마음속으로 되뇌었다.

그날 오후.

아오이는 회의실로 향했다. 그리고 떨리는 마음으로 회의실에 들어갔다. 이미 고다, 다우치, 가타자와는 회의실 한가운데 앉아 있었다.

가타자와가 필기의 중요성에 대해 열변을 토하고 있었다.

"그런 이유로 아오이 씨가 필기한 걸 보고 저도 어제 필기 수업을 받았습니다. 회의를 필기해서 '눈에 보이게 해야 한다'라는 생각이 들었거든요."

"왠지 수상한 냄새가 나는데. 그렇게 좋으면 과장님한테 가르쳐주면 되잖아."

고다는 갖고 있던 수첩을 회의 탁자 위에 놓으며 '흥' 하고 콧방귀를 뀌었다.

"아, 아오이. 오늘 회의에 관해서 말인데, 요전에 A3 용지에 쓴 것처럼 화이트보드에 필기해줘. 나중에 미즈구치 과장님에게 보고할 거니까."

"네?"

가타자와의 생각지도 못한 거침없는 행동에 아오이는 깜짝 놀랐다.

"수업도 받고 왔으니 선배가 필기를 하는 게 좋지 않을까요?"

"나는 아직 익숙지가 않아서 말이야. 괜찮으니까 아오이가 해."

"어, 저도 그런데… 어떻게 되든 전 몰라요……"라고 말하면서 아오이는 마지못해 자리에서 일어나 화이트보드 앞으로 갔다. 등 떠밀려 나오는 모양새였으나 자신이 나서서 화이트보드 앞에 설 때보다는 부담감이 훨씬 덜했다. 서툴거나 실수해도 너그럽게 봐줄 거라고 생각했다.

"멋대로 해도 상관없어. 전혀 기대하지 않으니까 괜찮아."

고다는 여느 때와 마찬가지로 못마땅한 표정을 짓긴 했지만, "시작해볼까" 하고 회의를 끌고 나가기 시작했다. 그 모습을 보고 다우치가 조용히 말했다.

"지난번에 어떤 얘기가 나왔는지 되짚어 볼까?"

"그러죠. 그 작업이 끝나면 추가로 원인을 규명해 이직의 주요 원인을 간추려봅시다. 아오이, 나는 다 기억하지 못하니까 이런 것도 적어둬. 그런데 지난번에 무슨 얘기 했더라?"

아오이를 돕는다고 나선 가타자와가 좌충우돌 말을 이어갔다.

"어, 입지가 나쁘다는 것, 또 유급휴가에 관해서 나왔지."

다우치가 기억을 더듬었다.

"자자, 아오이. 어서 받아 적어."

가타자와가 아오이에게 재촉했다.

"아, 어, 어떻게 쓰면 좋을까요?"

"'입지가 나빠서 통근하기 힘들다', '주변 사람들 눈치가 보여서 유급휴가를 쓰기 어렵다'라고 쓰면 되지 않을까?"

"'점심 먹을 데가 없다'는 말도 나왔었어."

"그건 도시락을 싸고 다니니까 관계없다고 결론 나지 않았나?"

다우치가 낮은 목소리로 말했으나, 아오이는 놓치지 않고 바로 필기했다.

"그 외에 '기업을 상대하는 콜센터라서'라는 의견도 나왔죠?"

가타자와가 기억을 떠올린 듯 한마디 거들었다.

고다는 콧방귀를 뀌며 대꾸했다.

"지난번에 그 얘기가 나온 건 맞지만, 다른 콜센터도 마찬가지라고 하지 않았어?"

"내가 다르다고 했잖아……."

다우치가 다시 기어들어 가는 목소리로 말했다.

"그러면 이 부분이 논점이 되겠군요. 아오이, '질문'이라고 써줘."

아오이는 가타자와의 닦달을 받으며 필기를 계속했다.

회의 진행 방식

- 지난번 회의 돌아보기
- 원인 규명
- 간추리기

종료 조건

- 이직 원인이 간추려진 상태

이직 원인을 규명한다

1. 입지가 나빠서 통근하기 힘들다.
2. 눈치가 보여서 유급휴가를 쓰지 못한다.
3. 입지가 나빠서 점심 먹기가 힘들다.

질문 도시락을 갖고 다녀서 관계없다?

4. 기업의 클레임이라 힘에 부친다.

질문 타사도 같지 않나?

5분 후.

"지난번에 했던 이야기는 거의 다 나왔군요. 그 외에 원인이라 생각되는 사안은 없습니까?"

가타자와가 화이트보드를 가리키면서 물었다.

"인간관계라면 일전에 하라 씨가 사무실에서 큰 소리로 운 적이 있어. 이토 씨에게 심한 말을 들었다면서."

다우치의 대답에 고다가 퉁명스럽게 대꾸했다.

"그런 개인적인 문제까지 일일이 처리해줄 수는 없어."

"오랫동안 같은 팀원이 같은 환경에 있으면 아무래도 서로 맞는 사람, 맞지 않는 사람이 나오겠지. 하라 씨와도 면담을 했는데……."

다우치는 힘없이 쓴웃음을 지었다.

"다우치 주임님은 그런 일도 하시는군요……."

가타자와가 다우치를 격려하듯이 조그맣게 말했다.

"콜센터를 잘 운영하려면 팀원 간의 관계도 주의해서 보지 않으면 안 되니까."

"……저기, 방금 한 얘기는 어떻게 쓰면 좋을까요?"

아오이가 다우치 발언의 요점에 대해 물었다.

"아아, 미안. 내가 하고 싶은 말은…, '같은 장소에서 같은 사람이 장시간 함께 있으면 대개는 사이가 삐걱거린다'라는 거야."

다우치가 자신이 한 말을 요약해주었다.

"그러면 정기적으로 팀원을 교체하면 되겠네?"

고다가 당연한 의문을 던졌다.

"그건 스킬 면에서 어려워……. 하지만 중요한 문제이니 대책을 생각해보고 싶어."

가타자와가 크게 고개를 끄덕였다.

"아오이 씨, '대책을 강구한다'라고 써줄래?"

회의 진행 방식

- 지난번 회의 돌아보기
- 원인 규명
- 간추리기

종료 조건

- 이직 원인이 간추려진 상태

이직 원인을 규명한다

1. 입지가 나빠서 통근하기 힘들다.
2. 눈치가 보여서 유급휴가를 쓰지 못한다.
3. 입지가 나빠서 점심 먹기가 힘들다.

질문 도시락을 갖고 다녀서 관계없다?

4. 기업의 클레임이라 힘에 부친다.

질문 타사도 같지 않나?

5. 설비가 낡았다.
6. 근무 시간이 길다.
7. 복리후생이 나쁘다.
8. 인간관계가 힘들다.
   - 사무실에서 크게 울었다.
   - 옛날에는 사이가 좋았다.
   - 개인의 문제
   - 같은 팀원끼리 장시간
     → 사이가 삐걱거린다.

→

- 팀원 교체
- 어렵지만 필요하다.

대책을 강구한다.

"뭐, 이 정도면 될까요? 어디 보자, 3번과 4번의 두 논점이 방치되어 있네요?"

가타자와가 화이트보드를 가리키면서 말했다.

"논의해볼까요?"

아오이가 말을 이어갔다.

"좋아, 해보자. 아무리 도시락을 싸서 다닌다 해도 점심 식사는 중요하고……."

가타자와가 화이트보드에 쓰여 있는 필기를 적극 활용해 발언 내용과 논점을 확인했다. 논의는 자연스레 아오이가 필기한 것을 토대로 진행되었다. 가타자와가 직접 필기하지 않은 것은 아오이를 지원하기 위해서였을까?

한동안 논의가 계속되었고, 화이트보드에는 8가지 요인이 나란히 적혀 있었다. 각각 구체적인 현상과 처리하기 곤란한 이유가 쓰여 있었다. 아오이는 아빠에게 회의 필기의 기본을 배웠고, 나름대로 속도를 내기 위해 특별 훈련을 한 덕에 그럭저럭 모양새는 갖출 수 있었다.

"이제 다 나왔습니다."

가타자와가 필기를 보면서 조용히 말했다.

회의 진행 방식

- 지난번 회의 돌아보기
- 원인 규명
- 간추리기

종료 조건

- 이직 원인이 간추려진 상태

이직 원인을 규명한다

1. 입지가 나빠서 통근하기 힘들다.
2. 눈치가 보여서 유급휴가를 쓰지 못한다.
3. 입지가 나빠서 점심 먹기가 힘들다.

질문 도시락을 갖고 다녀서 관계없다?

- 때로는 도시락을 싸 오지 않는 날도 있다.
- 거의 도시락이라 바깥 사정에 관심 없다.

결론 관계없음

4. 기업의 클레임이라 힘에 부친다.

질문 타사도 같지 않나?

- 고객을 상대할 때의 압박감은 타사와 다르지 않다.
- 고객사 영업 담당이 주는 압박감이 크다. → 타사에는 없다.

결론 영향이 있는 것 같다.

5. 설비가 낡았다.
6. 근무 시간이 길다.
7. 복리후생이 나쁘다.
8. 인간관계가 힘들다.
   - 사무실에서 크게 울었다.
   - 옛날에는 사이가 좋았다.
   - 개인의 문제
   - 같은 팀원끼리 장시간 → 사이가 삐걱거린다.

→

- 팀원 교체
- 어렵지만 필요하다.

대책을 강구한다.

"이렇게 필기하니까 한눈에 보이네. 3번과 5번은 이직 원인이라고 할 수 없으니, 나머지가 주요 이직 원인이라는 말이로군."

고다가 회의 필기를 활용해 자연스레 지난번 회의 내용을 돌아보았다. 아오이는 고다의 행동에 약간 놀랐으나 회의 도중에도 나왔던 의견을 재확인하는 모습이 보기 좋았다. 머릿속이 정리된다고 할까, 회의 결과가 정리되는 느낌이었다.

"이 상태로 우선순위를 정해보면 어떨까?"

"내 견해로는……, 2번, 4번, 8번이 큰 문제야. 니시다 팀장한테도 의견을 물어보고 싶은데."

다우치가 화이트보드에 적힌 번호를 빨간 펜으로 동그라미 쳤다.

"그럼 2번, 4번, 8번을 주요 원인으로 정리하자고. 혹시 모르니 니시다 팀장님에게도 확인을 받을까요?"

"그렇게 하지 뭐. 그건 내가 할게. 이 필기를 사진으로 찍어서 니시다 팀장에게 보여주면 굳이 설명하지 않아도 되겠지."

다우치는 서둘러 스마트폰을 꺼내 사진을 찍었다.

"좋아, 이걸로 됐다. 회의 종료!"

고다가 손뼉을 치고 일어섰다.

석연치 않았던 지난번 회의와 달리 깔끔하게 마무리되었다. 어떤 안건이 나왔는지도 화이트보드만 보면 한눈에 알 수 있었다. 가타자와가 아오이를 지원해주었으나 아오이의 필기가 회의의 중심이 된 것은 의심할 여지가 없었다.

"과장님이 없어서 그런가. 회의가 일사천리네."

평소 뒤끝이 남다른 고다도 오랜만에 후련한 모습이었다.

가타자와는 아오이의 필기를 보고 새삼 그 효과를 실감했다. 고다는 필기의 효과라고는 생각하지 않는 듯했으나, 이렇게 회의가 깔끔하게 마무리됐으니 그건 별 상관 없다.

"가타자와, 미즈구치 과장님에게 보고 잘 부탁해. 나는 다음 회의에 참석하기 전에 뭐라도 좀 먹어야겠어."

고다는 그 말을 남기고 잰걸음으로 회의실을 빠져나갔다.

아오이는 고다가 나간 것을 확인하자 의자에 털썩 주저앉아 고개를 젖혔다.

"휴, 살았다, 피곤해."

"수고했어."

다우치가 다정하게 말을 걸었다.

"고맙습니다. 필기가 변변치 못해 죄송해요."

아오이가 고개를 숙였다.

두 사람이 대화를 나누는 모습을 지켜보던 가타자와가 다우치에게 요청했다.

"다우치 주임님, 잠시 시간 좀 내주시겠습니까? 되짚어 보고 싶은 게 있습니다."

"되짚어 본다고? 그래, 좋아."

필기의 장점은 '논의의 가시화', '논의의 논리화'

"고맙습니다. 회의 필기를 해보니 어떠셨어요?"

어느새 가타자와가 화이트보드 앞에 서서 펜을 쥐었다.

"응. 좋았던 것 같아. 구체적으로는…….'"

다우치는 잠시 뜸을 들이다가 이어서 말했다.

"보통은 각자 자기 할 말만 하고 남의 말은 듣는 둥 마는 둥 하니까 회의를 위한 회의에 그치곤 했지. 필기를 하니까 확실하게 결론이 만들어진다는 것을 느꼈어. 나는 목소리도 작아서 더 그랬지."

"과연, 확실히 그런 면을 느끼셨군요. 그 외에는 어땠습니까?"

"음. 그리고 논의 과정이 구체적으로 보이는 게 좋았어. '전에 무슨 말을 했더라' 하고 생각하지 않아도 되어 좋았다고 할까. 논의하면서도 실무 차원의 안건을 구체적으로 다루고 있다고 생각하니까 더 집중하게 되더라고."

가타자와는 다우치가 하는 말을 화이트보드에 적었다. 이런 소규모 미팅에도 필기는 유용하다.

"또 써진 글을 읽으면서 '내가 애매한 발언을 했구나'라는 사실을 알 수 있었어. '어떻게 쓰면 될까요?'라는 스즈카와의 질문을 받으니 정신이 번쩍 나더라. 그 점은 정말로 고맙게 생각해. 덕분에 내 생각을 다시 정리할 수 있었으니까."

다우치는 쑥스러운 듯한 표정을 지어 보였다.

다우치의 의견은 뜻밖이었다. 아오이는 토의 진행을 가로막으며 '어떻게 쓰면 될까요?'라고 확인하는 데 부담감을 느끼고 있었다. 그런데 다우치는 오히려 "필기를 하고 보니 내가 정리되지 않는 발언을 한다는 걸 깨달았다"라고 말했다. 어쩌면 더 적극적으로 확인해도 좋을지 모른다.

"그러면 받아 적은 아오이는 어땠어?"

가타자와는 아오이에게 질문의 화살을 돌렸다.

"……역시 받아 적는 게 어려웠어요. 앞으로 제대로 필기해야겠다고 생각했죠. 특히 논의가 두서없이 진행되는 곳에서는 받아 적기가 굉장히 힘들었어요."

"'어떻게 쓰면 좋을까요?'라고 물었을 때구나. 재미있는 얘기가 있어. 어제 수업에서 '받아 적기 힘든 것은 요약하는 기술이 부족해서가 아니라 단순히 논의가 두서없고 엉망진창이기 때문이다'라고 강사가 말해줬어."

다우치는 눈을 감고 신음 소리를 냈다.

"혹시 받아 쓰기 힘든 논의와 받아 쓰기 쉬운 논의가 있다는 말인가?"

다우치에게는 비슷한 경험이 있었다. 이따금 회의에서 회의록을 쓰는데, 회의록을 쓰기 힘든 회의와 잘 써지는 회의가 있다. 어쩌면 같은 상황인지도 모른다.

아오이는 이마에 손을 짚으며 조심스럽게 말했다.

"음, 잘은 모르겠지만 논의가 뒤섞이면 무엇을 써야 할지 헷갈려서……. 지금까지 하던 논의와 연결되는 건지, 아니면 단순히 옆길로 샌 것뿐인지 잘 모르겠어요."

"그것도 그러네. 내가 무슨 말을 하는지 잘 모르겠는데, 받아 쓰는 사람은 더 모르겠지. 미안해."

다우치가 진심으로 미안한 표정을 지었다. 가타자와는 팔짱을 끼고 진지한 표정으로 말했다.

"강사였던 아오이 아버님이 '필기하는 사람의 기량과는 상관없이 쓰기 힘든 논의가 존재한다. 필기를 잘할 수 있게 기술을 연마하는 것도 중요하지만 본질적으로는 받아쓰기 편하게 논의하는 것이 훨씬 중요하다'라고 말했어요."

다우치가 눈을 동그랗게 떴다.

"정말 그렇네, 무슨 말인지 알겠어. 쓰기 편한 논의란 논리적이고 이해하기 쉽다는 뜻이구나."

가타자와는 고개를 크게 끄덕였다.

"네. 필기의 중요한 역할은 '논의의 가시화', '논의의 논리화'로 회의가 짜임새 있게 진행되도록 만드는 것이라고 생각해요."

"오, 선배 덕분에 필기의 개념을 한 번에 정리했어요."

아오이는 감탄했다. 가타자와의 필기도 알기 쉬웠다.

"아니, 전부 어제 강의 때 들은 이야기야."

가타자와는 혀를 살짝 내밀며 웃었다.

"여하튼 필기가 효과가 있는 것 같으니 계속 해보고 싶어요."

"응, 오늘도 도움이 많이 됐어. 스즈카와, 앞으로도 잘 부탁해."

다우치는 밝은 표정으로 회의실을 빠져나갔다.

☲ 필기를 시작할 수 있는 환경을 만들자

회의 필기가 성공해서 기분이 좋았으나, 아오이는 여전히 석연치가 않았다.

"역시나 갑자기 시작하기에는 거부감을 느끼는 사람이 많아서 꾸준히는 하기 힘들 것 같아요……."

아오이의 말대로 오늘도 가타자와가 없었더라면 받아 적는 건 시작도 못했을 것이다.

"받아쓰기 시작했을 때도 그렇고 받아쓰는 동안에도 선배가 옆에서 도와주어서 어떻게든 해낼 수 있었어요. '방금 한 말 적어둬'라거나, '이런 뜻으로 요약해!'라고 독려해줘서 받아 적기가 한결 수월했어요. 선배 덕분에 부담감을 덜 수 있어서 좋았어요."

"그런가……. 그러면 어떻게 하면 필기를 수월하게 시작하고, 또제대로 정착시킬지 그 방법을 생각해볼까?"

가타자와는 화이트보드를 뒤집어서 아무것도 쓰여 있지 않은 새하얀 면을 앞으로 오게 했다.

"네. 생각해놓은 게 있는데 정리되진 않았지만 말해도 괜찮을까요?"

"물론."

"어쨌든 혼자서 필기를 시작하기란 정말로 어려워요. 긴장도 되고, 부끄럽기도 하고. 그래서 주변에서 자연스러운 분위기를 만들어주지 않으면 굉장히 힘들다고 생각해요."

"그렇군. 그러면 어떻게 해야 그런 분위기를 만들 수 있을까? 일단은 A3 용지에 필기를 계속하면 어떨까? 그거 좋더라고, 정말로."

가타자와를 설득한 것처럼, A3 용지에 필기를 꾸준히 하면 가랑비에 옷 젖듯이 직원들 사이에도 확산될 가능성이 있어 보였다.

"헤헤. 고맙습니다. 선배가 받은 수업을 모두가 받으면 그 문제는 간단히 해결될 텐데요. 다만 수업을 받으러 가는 동기를 어떻게 만들지. 아니면 강제적인 수단이라도 필요하지 않을까요?"

"그렇군. 모두가 필기를 배우면 설득하기 쉽겠다. 문제는 필요성인데, 회사 차원에서 회의 필기가 젊은 사원에게는 꼭 필요한 훈련이라고 제안하는 방법이 좋을지도 모르겠어."

"훈련이라니 무슨 말이에요?"

아오이가 고개를 갸웃거렸다.

"이것도 수업 시간에 배운 건데. 젊은 사람은 회의에 참석해도 그냥 멍하니 앉아 있을 때가 많잖아? 솔직히 듣지 않아도 별문제 없고, 논의에 참가할 수 있는 위치도 아니고. 그럴 때 필기를 부탁하면 논의를 이해하려고 진지하게 듣지 않겠어? 듣는 것도 훈련이 필요하거니와 필기 연습도 되니 그야말로 일석이조인 셈이지."

가타자와는 흥분한 목소리로 말을 쏟아냈다.

"과연. 선배 말대로 멍하니 앉아 있는 것보다 훨씬 나을지 몰라요. 그러면 선배가 신입사원을 데리고 회의 필기 강연에 가도 되느냐고 과장님에게 물어보세요. 그리고 회의 필기는 신입사원에게 꼭 필요한 직무라고 설득하는 거예요."

"그럴까. 아오이도 A3 용지 필기 계속할 거지?"

"물론이죠!"

필기를 편하게 시작할 수 있는 환경을 만드는 것이 중요하다고 생각했는데, 앞으로도 가타자와가 많이 도와줄 것이다. 새로운 시도를 할 때, 한 사람이 하는 것과 두 사람이 하는 것은 천지 차이이다. 아오이의 얼굴이 밝아졌다.

아빠의 일기 4
. . . .

아오이가 고안해낸 A3 용지 필기는 꽤 기발하다. 갑자기 시작하기엔 쑥스러우니 종이를 펼쳐놓고 연습을 거듭하되, A3 용지가 회의의 필수 사항으로 자리 잡을 수 있으니까 여러모로 머리를 잘 썼다. 칭찬해주고 싶다. 이제 필기를 시작했으니까 앞으로 예상되는 질문 사항을 정리해두어야겠다. 언젠가 물어볼지도 모르니까.

질문 ① 화이트보드에 다 받아 적을 수가 없다면?

화이트보드에는 공간에 한계가 있으니 당연히 이런 문제가 생긴다. 화이트보드를 효과적으로 쓰려면 사전에 레이아웃을 정해두면 좋다. 그렇다고 특별한 건 아니고 위에서 아래로 선을 그어 구분하면 된다. 옆으로 너무 길게 쓰면 뒤로 갈수록 쓰기가 힘들다. 세 칸 정도로 나누면 좋으리라. 이렇게만 해도 꽤 효율적으로 쓸 수 있다.

그래도 다 쓰지 못할 때는 사진을 찍은 후 지우고 쓰면 된다.

질문 ② 글자 크기의 기준은 어떻게 하나?

정해진 크기는 없다. 참가자와의 거리에 맞춰 조정한다. 참가자가 읽지 못하면 아무 의미가 없으니까. 참가자가 많고 거리가 멀면 키워드만 큼직하게 쓴다. 세 사람이 모이는 소박한 회의라면 작은 글씨로 필기하면 된다. 참가자가 앉는 위치에서 화이트보드를 보며 사전에 적당한 글자 크기를 확인하면 될 것이다.

질문 ③ 강조와 요약은 어떻게 하면 될까?

필기할 때는 키워드에 수식어 하나씩 덧붙이면 좋다. '요컨대', '정리하면', '하고 싶은 말은', '결국' 등 '정리할 때의 수식어'가 그중 하나다. 이후에 나오는 말은 제대로 요약해 필기한다. 또 하나는 '숫자'다. 건수, 인원수, 매출, 날짜 등등 숫자가 나오면 반드시 적어두자.

질문 ④ 그림을 빼고 글자만 써도 괜찮을까?

그림을 그려도 상관없다. 하지만 익숙해지고 나서 그리자. 화살표로 표시하거나 그림으로 그리는 등 시각화하면 당연히 이해하기 쉽다. 하지만 그렇게 되기까지 쉽지가 않다. 일단은 기본부터 다지자.

질문 ⑤ 프레임워크를 쓰면 멋있어 보이지 않을까?

이 방법은 별로 추천하고 싶지 않다. 세상의 어떤 프레임워크(SWOT나 3C)를 가져와도 회의의 주제에서 벗어날 때가 많다. 그렇다고 프레임워크에 끼워 맞춰서 논의해서는 안 된다. 지금 하는 논의가 눈에 보이게 프레임을 만들어야 의미가 있다. 아니면 논의하고 싶은 주제에서 벗어나게 된다.

'프레임워크'니 뭐니 해서 너무 무겁게 생각하지 말자. 예를 들면 '방금 한 이야기를 정리해보면 세 가지 요소로 나눌 수 있겠지? 첫 번째는……", "복잡하네요, 그림으로 그리면 이런 모양이 될까요?"라는 느낌으로 그 자리에서 바로바로 언급하는 것으로 충분하다. 논의가 눈에 보이게 정리된 상태에서 합의에 이르면 되는 것이다. 프레임워크를 쓰는 것이 목적이 아니다.

이 정도면 될까?

그러고 보니 지난주 회의 필기 공개 강좌에 아오이네 회사에서도 한 사람 왔었다. 느낌이 좋은 청년이었다. 아오이와 관련 있는 부서 사람일까? '숨은 퍼실리테이터'로서 연대하면 필기하기도 훨씬 수월해질 텐데. 내일 아오이에게 확인해봐야지.

4 장

숨지 않는
퍼실리테이션을
시작하다

대혼란에 빠진 과제 해결 회의

아오이가 필기를 시작하고 몇 주가 지난 후…….

"대체 이게 무슨 일이야!"

가을 하늘이 더없이 맑았던 어느 날. 스카이트리가 보이는 NNP 본사 빌딩 20층에는 여느 때와 달리 노기 띤 목소리가 울려 퍼졌다. 주위에 있던 사원들은 쥐 죽은 듯 숨을 죽이고 있었다.

목소리의 주인공은 호리이(堀井) 상무이사. 영업 출신의 수완가로 현재도 영업본부를 총괄하고 있다. 차기 사장 후보로도 언급될 만큼 사내에서도 상당한 영향력을 갖고 있는 호리이 상무가 미즈구치와 다우치를 노려보고 있었다. 분위기로 볼 때 보통 일이 아니었다.

"이런 기사가 나오면 영업에 얼마나 부정적으로 작용하는지 알기

나 해! 콜센터가 영업의 발목을 잡으면 어떻게 하나!"

호리이 상무는 손에 든 잡지로 미즈구치의 책상을 탕탕 소리가 나
도록 내리쳤다.

"어, 무, 무슨 일일까요?"

아오이는 고개를 움츠리고 들릴 듯 말 듯 한 목소리로 옆자리에 앉
은 가타자와에게 물었다.

"음. 추측하건대……. 호리이 상무가 들고 있는 저 잡지… IT 업계
전문지 〈월간 IT 프로페셔널〉이야. 알지?"

"네, 해마다 IT 기업의 고객만족도 조사 결과를 싣는 잡지잖아요.
우리 같은 거대 IT 기업의 고객에게 서비스 메뉴나 가격, 지원 등 다
양한 시각에서 고객만족도를 물어본다는……."

"맞아, 맞아. 그 고객만족도 조사 결과를 실은 특집 기사가 이번 호
에 나왔어."

"그게 호리이 상무의 분노와 무슨 관계가 있죠?"

아오이는 짐작도 가지 않았다.

"실은 말이야, 올해 우리 회사의 평가가 큰 폭으로 떨어졌어. 지금
까지는 매년 종합 10위권 언저리였는데, 단숨에 50위 아래로 떨어졌
거든. 기사를 보면 서비스 메뉴와 가격에 대한 만족도가 높은 반면,
콜센터에 대한 평가는 상당히 나빠서 전체 평가를 끌어내렸어. 그래
서 콜센터를 운영하는 우리 부서에 책임을 묻고 야단치러 온 게 아닐
까……."

"아, 그런가요. 그러고 보니 유지관리 부문 본부장님도 부장님도

모두 해외 출장 중이군요. 그래서 미즈구치 과장님에게 직접……."

아오이와 가타자와가 수군대는 소리가 전혀 들리지 않을 만큼 사무실 안은 호리이 상무의 고함 소리로 가득 찼다. 분노의 화살은 미즈구치만이 아니라 콜센터의 책임자인 다우치도 피할 길이 없었다.

"아, 아, 상무님, 그렇게 말씀하셔도 콜센터 직원은 최, 최, 최선을 다해 노력하고 있고, 어, 그……."

다우치는 불쌍해 보일 정도로 위축돼 말을 제대로 하지 못할 지경이었다.

"어이, 다우치. 상무님이 듣고 싶은 말은 최선을 다하느니 뭐니 그런 게 아니야. 어떻게 문제를 해결할 거야?"

미즈구치는 완전히 남의 일이라는 투로 말했다.

"참 듣자 하니 콜센터는 만성적인 인원 부족이라고 하지 않았나? 어서 증원해! 이대로 가다간 고객이 다 떠나갈 거야! 급하게 조치를 취해야 하는데 손 놓고 있을 여유 따위가 없다고! 전사가 목표 매출을 달성하기 위해 필사적으로 애쓰고 있는데 발목을 잡다니, 이게 뭐 하는 짓이야!"

"하, 하, 하지만……."

뭔가를 호소하려 해도 다우치의 혀는 이미 잘 움직이지 않았다.

"이제 됐어! 다음 주말까지 대책을 마련해 와! 상황에 따라서는 콜센터 해체도 불사할 테니까. 알겠나!"

호리이 상무는 다시 한번 테이블을 탕 치더니 그대로 사무실을 나갔다. 물을 끼얹은 듯 고요하던 사무실은 호리이가 나감과 동시에 소란에 휩싸였다.

"서슬이 시퍼러네… 심장이 멎는 줄 알았어."

"일이 커졌어… 콜센터를 해체한다고?"

소란이 커지는 가운데 소용돌이 한복판에 있던 미즈구치와 다우치는 그저 망연히 서 있었다.

"해체라……. 회사에서 직접 콜센터를 운용하지 말고 외부에 아웃소싱하면 어떠냐는 의견이 전에도 한 번 나왔었어."

고다가 떨떠름한 얼굴로 조용히 말했다.

"그때는 비용 면에서 아웃소싱이 유리하지만 전문적으로 대응하려면 회사에서 직접 콜센터를 운영하며 오퍼레이터를 키우는 편이 낫다는 결론으로 일단락되었죠. 아웃소싱하면 만족도는 더 떨어질 것 같은데요."

가타자와가 비통한 표정을 지었다.

"호리이 상무를 몰라? 그런 걸 상관할 것 같아? 과거에도 사업부 하나를 통째로 날려버린 일이 있는데, 이거 정말로 해체하려나……."

그때 해체된 사업부의 간부 전원이 일자리를 잃었다는 전설이 아직도 남아 있었다. 단순히 위협이라고는 생각할 수 없었다.

"어떻게 하죠……."

다우치는 몸을 더 움츠리며 미즈구치를 보았다.

"이러나저러나 대책안을 세우는 수밖에 없잖아. 나는 다른 건으로 바빠서 도와줄 수 없고, 다우치가 콜센터 오퍼레이터를 총괄하는 책임자니까 방안을 만들어봐. 잘 부탁해."

자신의 일을 남에게 통째로 떠넘기는 미즈구치의 버릇은 이번에도 유감없이 발휘되었다.

그날 오후, 긴급회의가 열렸다. 다우치가 대책을 마련하려고 관계자들을 부른 것이다.

회의실에는 다우치, 고다, 가타자와, 니시다, 아오이, 그리고 콜센터의 리더들이 모였다.

주위를 둘러보며 다우치가 입을 열었다.

"여러분도 오전에 있었던 일을 알고 있을 겁니다."

"사무실이 떠나갈 듯 큰 소리로 화를 내고 난리가 났으니까요."

가타자와가 멋쩍은 목소리로 말했다.

"그래서 다 함께 대책을 논의해보고 싶은데요. 콜센터의 존속 여부가 달린 문제라서……."

회의실에 모인 사람들의 면면에는 무거운 분위기가 감돌았다. 잠시 사이를 두고 고다가 입을 열었다.

"본래 과장님이 나서야 되는 거 아냐? 너도 전적으로 책임을 떠맡지 말라고, 다우치."

"하지만 콜센터의 책임자는 나니까 현장에서 대책을 마련해야지."

"흠. 그럼 어쩔 수 없지. 뭐부터 시작할까?"

"뭐부터 시작하면 좋을까…… 스즈카와 씨, 어떻게 생각해?"

다우치는 아오이에게 힘없이 물었다.

"늘 그렇듯이 종료 조건과 시간 배분부터 생각해보면 어떨까요?"

"왜 스즈카와에게 묻는 거야? 다우치가 주도하는 회의 아니었어?

왜 자꾸 스즈카와에게 미루듯이 말하느냐고?"

고다가 버럭 화를 내자 다우치는 몸을 더욱 움츠리며 아오이를 위해 항변했다.

"알았어. 스즈카와 씨가 필기를 해주면 큰 도움이 된다고."

몇 시간 전 아오이는 다우치와 면담했다. 그 자리에서 다우치는 아오이라면 회의를 잘 정리할 수 있을 거라며 '필기하는 퍼실리테이션'을 해달라고 부탁했다.

부담스러워 거절하고 싶었지만 콜센터의 존속이 달려 있는 문제였다. 게다가 필기를 시작하고 한 달쯤 지나자, 부서 내에도 회의를 필기하는 문화가 조금씩 익숙해지기 시작했다. 이에 조금 자신감이 생긴 아오이는 다우치의 요청을 수락하기로 했다.

(어쩌면 생각보다 잘될지 몰라. 아오이 너 대단한걸, 콜센터를 지켜낼 수 있을 거야!)

한 시간 후, 아오이의 달콤한 생각은 보란 듯이 깨지고 말았다.

"흠, 무슨 말인지 영문을 모르겠네."

다우치는 고다의 빈정거림에도 아랑곳하지 않고 종료 조건에 대해 생각했다.

"종료 조건이라면…, '콜센터 오퍼레이터를 늘리는 대책이 나온 상태'일까?"

다우치가 생각을 정리하며 말했다. 아오이가 지체 없이 화이트보드에 적었다.

그걸 보고 가타자와가 입을 열었다.

"오퍼레이터 수를 늘릴 거면 채용 계획을 수정해야 합니다. 작년의 채용 계획은 실패했어요. 신입사원이 예정된 인원의 절반밖에 들어오지 않았으니까요."

가타자와가 말을 마치기도 전에 니시다가 반론했다.

"무슨 말이야. 실패했다니 유감이네. 면접 결과 좋은 인재가 없었던 것뿐이고, 실패한 건 응모한 인재의 질이 낮았기 때문이라고 봐야지."

"그럴지도 모르지만 결과적으로 채용하지 못했으니까 생각해볼 여지는 있겠죠."

"지금의 방식이 최적이라고 생각해. 더 이상 머리를 짜내봤자 효과도 별로 없을 거야. 애초에 마땅한 대책이 없는 일이라고."

종료 조건을 확인하고 싶었던 것뿐인데, 별안간 논의가 시작되었다. 아오이가 양손을 흔들며 두 사람 사이에 끼어들었다.

"자, 잠깐만요. 종료 조건은 정해졌지만 무엇에 얼마나 시간을 배분할지는 아직 논의하지 않았어요."

순간 회의실 전체의 움직임이 멈췄다.

"그런가. 채용 계획의 문제점을 논의하고 그 후에 개선책을 검토해야겠지?"

다우치의 말을 받아서 아오이는 화이트보드에 필기를 했다.

그걸 본 니시다가 안색을 바꿨다.

"잠깐만요, 지난 채용 계획에 무슨 문제라도 있다는 논조인데, 그렇지가 않아요!"

여기서 고다도 벗어진 머리를 문지르면서 끼어들었다.

"나는 다우치가 말한 '종료 조건'이 영 마뜩지 않아. 오퍼레이터를 늘리면 문제가 해결되나? 애초에 정말로 오퍼레이터 인원수가 적어서 고객만족도가 떨어졌다고 말할 수 있을까?"

"최근에는 콜센터에 24시간 운영해달라는 요구가 거세지고 외국어에도 대응해달라는 요청이 있는 모양이에요."

가타자와가 대답했다.

"그러면 단순히 오퍼레이터의 수를 늘려봤자 소용없잖아? 특정한 스킬이 있는 오퍼레이터를 늘리거나, 근무 체계를 개선하는 방향으로 의견을 모아봐야지."

한 시간 후.

아오이가 확인하고 필기를 했으나 논의가 진전되거나 결론으로 마무리될 기미가 없었다. 수면 위에 떠올랐다 사라지는 논점을 열심히 필기해도 화이트보드에 적은 논점을 중심으로 논의하려는 분위기는 좀체 만들어지지 않았다. 다들 하고 싶은 말만 하고 자기주장만 하는 상태가 계속되었다.

"저, 여러분, '오퍼레이터를 늘리려면 어떤 대책이 필요할까?'에 관해 논의해보면 어떨까요?"

"스즈카와, 무슨 그런 엉뚱한 소리를 하는 거야? 나는 그 논점 자체가 마음에 들지 않는다니까. 단순히 인원을 늘려서 뭐가 해결되지? 우리 기술지원팀에도 잘못된 점이 있을지 모르고 말이야."

논점을 하나로 집약하려는 아오이의 노력도 수포로 돌아갔다.

'혼돈에 빠졌다'는 말이 딱 맞는 상태로, 필기하는 아오이로서는 난감하기 짝이 없었다.

아까부터 떠드는 이는 고다와 니시다뿐이다. 콜센터의 리더들은 의견을 주고받는 두 사람을 말없이 지켜보고만 있었다. 아무리 필기를 해도 논의가 진전된다는 느낌이 들지 않았다. 시간은 눈 깜짝할 새에 지나가고 종료 조건도 정하지 못한 채 종료 시간이 되고 말았다.

고다가 시계를 보면서 말했다.

"오늘은 시간이 다 됐네. 스즈카와, 그렇게 어물어물해서 뭘 하겠다는 거야? 콜센터가 사라지면 니시다도 다우치도 사내 실업자가 된다고."

"이러니저러니 해도 한 번 더 회의하는 수밖에 없어요……."

다우치가 점점 작아지는 목소리로 쥐어짜듯이 말했다.

고다는 크게 한숨을 쉬더니 회의실을 빠져나갔다. 니시다도 콜센터 리더도 뒤따라 나갔다. 회의실에는 다우치와 가타자와, 당장이라도 눈물을 쏟을 것 같은 아오이만이 남았다.

"주임님, 죄송해요……. 아무것도 제대로 해내지 못했어요."

아오이는 완전히 자신감을 잃었다.

"내가 미안하지. 잘 해보려고 부탁을 했는데……."

다우치도 미안한 표정을 지었다.

"선배도 전혀 도와주지 않고……."

"응, 미안해. 도와주려 해도 나설 분위기가 아니어서 말이야."

가타자와가 머리를 긁적였다. 사실 스즈카와가 주도한 이번 회의의 난이도는 이전에 비해 아주 높았다. 지금까지의 회의가 '정보 공유'나 '업무 분담', '의견 제출' 등이 주목적이었던 데 비해, 이번 회의는 '과제의 결정부터 해결'을 목적으로 한 회의였기 때문이다.

지금까지는 '확인하는 퍼실리테이션'과 '필기하는 퍼실리테이션' 단계로 그럭저럭 넘어갔으나, 이제는 그 수준을 넘어선 것 같았다. 하지만 뭐라도 하지 않으면 일주일 안에 콜센터가 사라질지도 모른다.

(어떻게 하면 좋을까……?)

이마에 손을 대고 생각하던 가타자와에게 좋은 생각이 머리를 스쳤다.

"그래, 이렇게 해보자!"

프로 퍼실리테이터의 회의에 참가하다

그주 금요일, 아오이와 가타자와는 아오이의 아빠 스즈카와 요시쓰네가 근무하는 빌딩 앞에 서 있었다.

아빠의 회사는 니혼바시에 있었다. 도쿄 중심지의 번화가가 아니라 4~5층짜리 규모의 작은 빌딩이 나란히 서 있는, 친근한 느낌이 드는 비즈니스 지역이었다. 때로는 빌딩과 빌딩 사이에 개인 주택이 드문드문 자리 잡고 있었다.

걸음을 멈춘 아오이가 눈앞에 있는 빌딩을 올려다보았다.

"아빠의 회사에 오는 건 처음이에요. 회사 안은 어떤 느낌일까?"

외관은 평범한 오피스빌딩이었는데, 조그만 접수대에 이름을 말하고 안에 들어간 두 사람은 깜짝 놀랐다. 사무실 내부는 아주 세련된 느낌이었다.

모던한 느낌의 사각 책상에는 사원으로 보이는 사람들이 드문드문 앉아 있었다. 사무실 바닥은 카펫이나 콘크리트 대신 나무로 된 바닥재가 깔려 있었다.

가장 시선을 끈 것은 높이 2미터, 폭 1미터가량의 자립식 화이트보드였다. 캐스터가 달려 있어 움직일 수 있게 되어 있었다. 흰색 책상들 사이에 무작위로 세워져 있고, 다양한 그림과 글자가 쓰여 있었다.

"하. 왠지 우리 사무실과 분위기가 전혀 다르네……."

가타자와가 감탄하고 있는 사이, 화이트보드 뒤에서 아빠가 불쑥 얼굴을 내밀었다.

"야아, 어서 와. 가타자와 군, 오랜만이야."

"스즈카와 선생님, 신세를 지게 되었습니다. 갑자기 연락드려 죄송합니다."

"메일을 받았을 때 좀 놀라긴 했지만 괜찮아."

아오이가 필기에 실패했을 때, 가타자와가 제일 먼저 떠올린 사람은 아오이의 아빠였다. 그가 아오이에게 이런저런 비법을 알려준 것도 알고 있었고, 자신이 필기 수업을 받는 동안 그의 강의에 감명도 받았다. 그래서 아오이에게 연락처를 물어서 과감히 메일을 보낸 것이다. 회사 상무로부터 불호령이 떨어졌다는 것, 수업에서 배운 필기만으로는 회의를 이끌어가기 어렵다는 것, 아오이와 함께 심하게 고생하고 있다는 것, 뭐가 부족하고 어떻게 해결해야 하는지 좋은 생각이 나지 않는다는 것 등등 자신의 괴로운 처지를 줄줄이 적은 메일에 아오이의 아빠가 반응했다.

"여기서는 편하게 있어도 상관없어."

그렇게 말하더니 아빠는 웃음을 거두고 진지한 표정을 지었다.

"오늘, 왜 우리 회사에 오라고 했느냐면 말이야. 가타자와 군도, 아오이도, 지금까지는 '숨은 퍼실리테이터'로서 가만히 회의를 지원하는 입장이었어. 확인하고 필기하는 역할이었지. 하지만 숨어서 회의를 이끌어갈 수는 없잖아. 슬슬 전면에 나서서 퍼실리테이션을 하지 않으면 안 된다는 말이지. 직접 회의를 소집하고, 진행 방식을 생각하고, 앞에 나서서 회의를 이끌어갈 필요가 있어."

아오이도 가타자와도 진지한 표정으로 들었다.

"그러려면 먼저 제대로 된 퍼실리테이터가 있는 회의를 봐두는 편이 좋아. 퍼실리테이팅이 잘된 회의를 보고 무엇이 중요한지, 무엇이 잘못되었는지 몸소 느껴보는 게 중요하지. 그런 면에서 보자면 오늘 열리는 회의가 안성맞춤이야. 잘 보고 참고할 수 있는 건 최선을 다해 따라서 해보면 많은 도움이 될 거야."

"스즈카와 선생님, 무리한 상담에 응해주셔서 감사드립니다. 열심히 배우겠습니다."

가타자와가 여느 때와 다르게 진지한 목소리로 말하며 고개를 숙였다.

한편 아오이는 어딘가 멋쩍어 보였다. 평소 아빠를 일하는 직장에서 본 적이 없는 데다 동료에게 아빠를 소개한 적도 없으니 당연했다. 하지만 우물우물 망설이고 있을 여유가 없다. 따라 할 수 있는 것은 따라 해야 한다. 그러지 않으면 콜센터가 해체될지도 모른다. 게다가 시간은 일주일밖에 남지 않았다.

"아오이, 회의 필기해보지 않을래? 틀림없이 도움이 될 거다. 평소에 하던 대로 하면 돼."

뭔가 어색해하는 아오이의 기분을 아는지 모르는지 아빠가 짓궂은 표정으로 말했다.

"싫어요, 절대! 그런 능력도 없고 애초에 프로가 어떻게 하는지 견학하러 왔다니까요."

반 보 뒷걸음질을 치는 아오이를 보고 아빠는 대답 대신에 장난스럽게 어깨를 으쓱했다.

"봐, 이미 시작했어. 저쪽에 있는 회의 공간이야."

회의 공간은 사무실 한 귀퉁이에 있었다. 문은 없고 좌우 벽은 전면 화이트보드로 마음껏 필기할 수 있게 되어 있었다. 정면에 있는 벽에는 스크린이 있고, 책상 위에는 프로젝터가 놓여 있었다. 열 개 남짓한 의자에는 이미 세 명의 직원이 앉아서 담소를 나누고 있었다.

"아, 어서 오세요. 기다리고 있었습니다."

한 여성 직원이 발랄하게 웃으며 말을 걸었다. 가늘고 긴 눈매에

긴 검은 머리가 인상적인, 세련된 느낌이 나는 여성이다.

"오늘 퍼실리테이터를 맡은 야구치(矢口)입니다. 잘 부탁드려요."

"안녕하세요, 스즈카와 씨의 딸 아오이입니다. 이쪽은 제 회사 선배입니다."

"가타자와입니다. 잘 부탁드립니다."

야구치를 포함해 세 사람 모두 컨설턴트로 보통은 퍼실리테이션을 활용한 컨설팅을 하고 있다고 했다. 자기소개가 끝나자 아빠가 오늘 회의의 배경을 설명해주었다.

"회의에 앞서 필요한 전제 정보를 전달하겠다. 내용을 모른 채 도중에 회의를 보면 무슨 말을 하는지 모를 테니까. 우리 회사에서는 컨설턴트를 육성하기 위해 매달 사내에서 수업을 열고 있어. 내용은 매달 달라서 퍼실리테이션 수업을 할 때도 있고, 자료 작성 수업을 할 때도 있지. 가타자와 군이 요전에 받은 필기 수업을 사내에서 진행하기도 하지. 그리고 각 수업은 가장 숙련된 컨설턴트가 기획하고 운영하는 게 원칙이야."

"어. 재미있을 것 같아요. 연수라고 하면 으레 인사부에서 준비한다고 생각했는데 가장 숙련된 사람이 주체적으로 하다니 놀라워요. 우리 회사에서는 상상할 수 없는 일이에요."

아오이가 자신도 모르게 말했다.

"그렇지? 하지만 100명이 넘는 사원이 각자 멋대로 하면 수습하기 힘들어. 그래서 그 정리를 여기에 있는 세 사람이 하는 거야."

야구치가 아빠의 말을 받아서 이어갔다.

"그렇습니다. 오늘은 우리 운영팀의 반년간 활동을 돌아보고, 앞으로 반 년간 무엇을 할지 회의를 통해 정할 거예요."

설명을 듣고 가타자와가 팔짱을 끼었다.

"과제를 규정하고 대책을 정한다는 말이죠? 우리가 요전에 크게 실패했던 과제 해결형 회의군요."

"맞습니다. 과제 해결의 논의는 정말로 어려워요. 기대만큼 퍼실리테이션이 잘되지 않더라도 양해 바랄게요."

야구치가 앞으로 두 손을 모으고 웃었다.

"무슨 말이야, 프로니까 확실하게 부탁해."

아빠가 웃으며 야구치의 어깨를 툭 쳤다.

⁝ 회의 진행 방식은 어떻게 결정하는가?

"시간이 됐으니 시작해볼까요. 가타자와 씨와 아오이 씨는 앉아서 지켜봐 주세요. 조금이라도 참고가 되면 좋겠어요."

야구치는 두 사람에게 앉으라고 권하고 이야기를 계속했다.

"오늘은 트레이닝 운영팀의 활동을 돌아보고 다가올 반년 동안 '해야 할 일'에는 무엇이 있는지 살펴보도록 하겠습니다. 잘 부탁드려요. 오늘의 진행 방식인데……."

야구치는 그렇게 말하면서 화이트보드에 '종료 조건', '의제와 진행 방식'을 써 내려갔다.

"이런 느낌인데 어때요?"

종료 조건

향후 반 년간 '해야 할 일'이 명확해진 상태.

의제와 진행 방식

1. 돌아보기 : 20분

지난 반년을 돌아보고 잘한 것, 못한 것을 정리한다.
사전에 주고받은 메일을 보면서 내용을 보충한다.

2. 검토 과제 간추리기 : 10분

못한 것 중에 토의하고 싶은 사안을 투표로 간추린다.
주제는 3가지 정도로 정리한다.

3. 개선책 토의하기 : 30분 × 3가지 주제

해야 할 일이 뭔지 밝힌다.

4. 정리하기 : 10분

야구치의 필기를 보면서 컨설턴트 중 한 사람이 입을 열었다.

"다 좋은데, 부탁이 있어요."

"네. 뭔가요?"

"검토할 과제를 세 개로 간추린다, 라고 했는데 검토 사항을 보고 나서 과제 수를 결정하고 싶어요. 경우에 따라서는 한 가지 주제만 집중해서 논의하는 편이 좋을 수도 있으니까요."

"아, 일리 있는 말이에요. 다른 분은 어떻게 생각해요?"

대부분 동의한다는 목소리가 들렸다.

"그러면 진행 방식으로 넘어갑시다."

야구치가 화이트보드를 재빨리 수정했다. 아오이가 지난번 회의에서 그렇게 시간이 걸렸던 회의 진행 방식이 여기에서는 눈 깜짝할 새에 정해졌다.

： 이전 업무를 검토하고 토의할 주제 간추리기

"그러면 제일 먼저 지난 반년을 돌아보겠습니다. 이에 관해서는 사전에 메일을 받았으니 그것부터 살펴봅시다."

야구치는 프로젝터에 노트북을 연결해 메모를 스크린에 띄웠다.

"여러분에게 받은 메일 중 중복된 내용도 많아서 하나로 정리했어요."

지난 반년을 돌아보는 메모

○ 계획했던 수업을 모두 끝냈다.

○ 연간 스케줄을 명확히 하니 준비하기가 굉장히 수월했다.

○ ……

○ ……

× 수업의 질이 고르지 않았다.

× 수업에 참가한 사람이 적었다.

× 강사 사정에 따라 수업이 갑자기 취소된 적이 많았다.

× 수업의 질을 높이기 위해 지원을 받으려 했지만 쉽지 않았다.

× ……

"제가 직접 읽는 것보다 잠시 읽을 시간을 드리겠습니다. 읽고 이해가 가지 않는 부분이 있으면 질문해주세요."

야구치의 말이 끝나자 수초의 침묵이 흐른 후, 컨설턴트들이 질문을 시작했다.

"세 번째는 어떤 의미죠?"

"아, 그거 제가 썼는데요."

"두 번째 항목은 제가 느끼는 것과 오히려 반대인데……."

"아, 그런가요?"

참가자들이 프로젝터로 비춘 텍스트 데이터(text data)를 보면서 서로 질문하거나 보충 설명을 했다. 퍼실리테이터 야구치는 자신도 논의에 참여하면서 컴퓨터를 조작해 텍스트 데이터를 수정하거나 새로운 의견을 첨부하기도 했다.

"'참여하는 사람이 적었다'라는 의견에는 나도 동감입니다. 참가자를 지명하고 강제로 참여시키면 좋을 것 같은데."

"하지만 자발적으로 참가 신청을 받지 않으면 의미가 없지 않을까?"

"그럴지도 모르지만 지명하면 확실히 참가자는 늘어날 겁니다."

"아니, 아니, 인원이 는다고 문제가 해결되는 건 아니잖아요?"

논의가 시작되자 야구치가 지체 없이 끼어들었다.

"아, 개선책에 관한 논의로 들어간 건가요? 다음 의제에서 하려고 했는데, 지금 할까요?"

"듣고 보니 그러네요. 음, 우선은 좋았던 점, 나빴던 점을 말하는 편이 낫겠어요."

누군가 한 명이 말하자 야구치가 빙그레 웃었다.

"그렇군요. 좋았던 점과 나빴던 점을 말해봅시다. 그 외에 다른 의견 없나요?"

회의가 몇 분 지난 후.

"좋았던 점, 나빴던 점은 거의 다 나왔군요. 그러면 다음 의제로 넘어갑시다. 2번 '검토 과제 간추리기'입니다."

"주제는 몇 개로 좁힐 건가요?"

"2개 정도면 괜찮을 것 같아요. 방금 의견이 갈린 곳을 중심으로 시간을 좀 들여서 논의하고 싶은데……."

"그러면 그렇게 할까요. 1인 2표제로 투표하려고 하는데 괜찮습니까?"

컨설턴트들은 저마다 고개를 끄덕였다.

"그러면 첫 번째 '수업의 질이 고르지 않았다'에 관해 논의하고 싶은 사람은 손을 들어주시기 바랍니다. 한 명이군요. 그러면 다음."

이렇게 거수로 검토 과제를 간추렸다. 그 결과, '수업에 참가한 사람이 적었다', '강사 사정에 따라 수업이 갑자기 취소된 적이 많았다'라는 두 주제에 표가 집중되었다.

"원인과 대책에 관해 심층 논의하고 싶은 주제는 이 두 가지군요. 이걸로 됐습니까?"

"응. 괜찮은 것 같아요."

"그러면 서둘러 토의에 들어갑시다. 논의 방식은?"

"아, 잠깐만."

다음 의제에 들어가려는 참에 아빠가 끼어들었다.

"퍼실리테이션은 그동안 순조롭게 진행됐어. 이쯤 해서 지금까지의 과정을 되짚어 보고 싶은데."

아빠가 가타자와와 아오이에게 고개를 돌렸다.

"회의를 지켜본 두 사람의 감상은 어땠어?"

가타자와가 등을 곧게 펴고 자세를 고쳐 앉았다.

"어, 솔직히 말해서 지나치리만큼 막힘없이 진행되어 깜짝 놀랐습니다. 지난번 우리가 했던 회의는 두서없이 떠드는 통에 진행 방식조차 정하지 못했거든요. 하지만……."

잠시 머뭇거리다가 말을 이어갔다.

"솔직히 어디가 다른지는 구체적으로 잘 모르겠습니다……."

가타자와의 말에 아빠가 수긍했다.

"그러면 퍼실리테이터 야구치 씨, 어떤 점에 주의하면서 퍼실리테이션했는지 잠시만 설명해주는 게 좋겠어."

"네, 그렇게 대단한 건 아니었는데요."

계면쩍은 듯이 야구치가 말했다.

【Point 1　사전에 종료 조건과 진행 방식을 설계한다】

"원활한 논의를 위해 진행 방식을 사전에 생각해두는 것에 주력했어요. 그리고 오늘은 '회의 참석자들에게 의견을 받고 나서 그중 우선도가 높은 과제를 선택하는 것'에 집중하기로 했고요."

옳지, 옳지, 하고 아빠가 고개를 끄덕였다.

"진행 방식은 생각해두었지만 강요하지는 않았지?"

"네. 진행 방식의 시안은 생각해두었지만 그게 최적인지는 모두의 의견을 들어봐야 알 수 있으니까요."

실제로 야구치가 생각해 온 진행 방식은 살짝 수정되었다.

가타자와가 수긍하는 듯한 표정을 지으며 말했다.

"그렇군요. 우리는 회의에 들어가면 진행 방식부터 논의하니까 뭔가 비효율적이라는 느낌입니다. 그래서 시간이 많이 걸려요. 게다가 들인 시간에 비하면 진행 방식도 매끄럽지가 않고요."

야구치가 싱긋 웃었다.

"진행 방식을 논의하는 것 자체는 나쁘지 않아요. 하지만 회의 자리에서 결정하기보다는 누군가가 미리 생각해놓고 회의를 시작하면 훨씬 순조롭게 진행되죠."

【Point 2　의견 취합 후 정리 과정을 거친다】

"회의 과정을 설계하는 데는 약간의 요령도 있어요. 예를 들어 '의견을 다 털어놓고 나서 다음 논의로 넘어간다'거나.”

“다 털어놓는다는 게 무슨 말인가요?”

아오이의 질문에 아빠가 대답했다.

“한 가지 논점에 대해 생각하는 바를 전부 말하고 나서 다음 논의로 넘어간다는 뜻이야.”

아빠는 일어나서 화이트보드 한 귀퉁이에 마름모꼴을 그리기 시작했다.

“‘철저히 털어놓는다, 그리고 수습한다'라는 정도로 이해하면 될 거야. 이번 사례에서는 나빴던 점을 말하는 데 주력했지? 나빴던 점을 말하지 않고 대책에 관한 논의에 들어가면 중요하지 않은 논의에 시간을 들이거나, 논점이 오락가락해서 두서없는 논의로 흘러가기가 쉽지. 바꿔 말하면 나빴던 점이 다 나올 때까지는 다음 논의에 들어가서는 안 된다는 말이야.”

야구치가 나서서 설명을 덧붙였다.

“다 털어놓고 나서 다음 논의로 넘어간다. 당연하게 느껴지겠지만 우리도 회의할 때 그 부분은 철저하게 하기 어려워요. 토의 과제다 싶은 게 나오면 그대로 개선책에 관한 논의로 넘어가는 경우가 대부분이고. 오늘도 도중에 그렇게 될 뻔했죠.”

한 컨설턴트에게 눈짓을 보내자 상대가 머리를 긁적였다.

“죄송합니다. 빨리 논의를 하고 싶은 마음이 앞섰던 같아요. 이럴 때, 야구치 씨가 했던 것처럼 퍼실리테이션으로 교통 정리를 해주면 굉장히 도움이 돼요.”

"어머, 칭찬 말씀 고맙습니다."

야구치가 웃으며 인사했다.

의견이 나올 때마다 새롭게 논의에 들어가면 끝이 없는 데다 언제나 시간이 부족하다. 일단 과제를 다 말하고 나서 우선순위가 높은 것부터 논의해야 회의가 효율적으로 진행된다.

아오이는 무슨 뜻인지 바로 알아들었다. 미즈구치 과장의 주례회의를 겪으며 마음속에 담아두었던 것이 산처럼 많았기 때문이다.

【Point 3 모여서 논의해야 할 것, 그렇지 않은 것을 구분한다】

"야구치 씨, 그 외에 특별히 강조할 게 또 있나?"

아빠의 질문에 야구치가 잠시 고개를 젖히더니 바로 대답했다.

"'모여서 논의해야 할 것과 그렇지 않은 것'을 구분하는 데 신경을 썼어요. 이전 연수에 관해선 모두가 모여 되짚어 보거나 발표할 필요가 없다고 판단하고, 그 건에 관해서는 미리 메일로 각자 의견을 받았습니다."

가타자와는 야구치가 하는 말을 듣고 즉석에서 질문했다.

"그러면 구체적으로 어떤 경우가 모여서 논의할 대상이 될까요?"

"예를 들어 '결론을 내거나' '선택지 중에 하나를 고르는 것'은 모두가 모여서 논의해야 한다고 생각합니다. 왜냐하면 참석자의 합의 도출이 필요하니까요. 한편 '선택지를 내거나' '결론을 내기 위해 필요한 정보를 모으는 과정'은 함께할 필요가 없다고 생각해요. 그렇게 따지면 모여서 해야 좋은 건 그렇게 많지 않을지도 모르겠네요."

"확실히 시간을 허투루 쓰지 않는 느낌이었어요."

거기까지 생각하고 진행 방식을 세웠을 줄이야. 아오이는 생각지도 못한 일이었다. 그리고 그동안 자신들이 얼마나 엉터리 회의를 했는지도 깨달았다.

"후후후. 장황하게 늘어지는 회의는 딱 질색입니다."

"야구치 씨의 퍼실리테이션은 회사 내에서도 매끄럽고 정교하다고 좋은 평가를 받고 있어."

아빠의 칭찬을 받은 야구치가 웃으며 말했다.

"이 정도면… 그 외에 궁금한 점 있어요?"

"저……."

가타자와가 손을 들었다.

"메일을 프로젝터로 보다니 참신하다고 생각했습니다. 평소에도 그렇게 하나요?"

참가자 전원이 프로젝터로 보고 논의하니 필기와 같은 효과가 있는 듯하다.

"우리 회사에서는 회의할 때 자주 합니다. 노트북과 프로젝터가 있는 환경에서는 잘만 활용하면 확실하게 효율이 오르거든요. 직접 편집할 수도 있고, 무엇보다 필기처럼 모두가 같은 화면을 보고 논의할 수 있어서 좋아요. 추천하고 싶어요."

"야구치 씨 고마워. 역시 야구치 씨야."

아빠가 싱긋 웃자 야구치도 계면쩍은 듯이 미소를 지었다.

"왠지 채점을 받는 것 같네요."

ː 문제 해결 과제와 원인을 확인한다

돌아보기가 끝나자 이번에는 과제 해결 회의를 하는 차례이다. 토의를 거쳐 검토하고 싶은 주제가 두 가지로 좁혀졌다. 다음은 개선책에 대한 검토를 시작했다.

"자, 첫 번째 주제부터 해볼까요?"

야구치는 화이트보드에 의제를 적었다.

"'수업에 참가하는 사람이 적다'라는 문제를 해결하기 위한 대책을 말해봅시다."

필기된 의제를 보고 컨설턴트들이 의견을 내기 시작했다.

"그렇지, 사전에 확실하게 고지하는 게 중요해요."

"수업을 강제로 받게 하면 간단해요."

"배울 의욕이 별로 없는 사람을 모아봤자 의미가 없다고 생각하는데요?"

"그것도 그렇고, 왜 사람을 많이 모아야 한다는 거죠? 좋잖아요, 소수라도 효과가 확실하면."

"네? 당연히 많은 사람이 수업을 받는 게 좋죠."

"잠깐만요, 아직 다 받아 적지 못했어요."

야구치가 일단 논의를 중지시켰다.

"어, '의욕이 없는 사람을 모아봤자 소용없다?'라는 의견 다음에 '사람을 꼭 많이 모아야 할까?'라는 의견이 나왔죠?"

야구치는 발언을 확인하면서 화이트보드에 질문을 써 내려갔다.

의제

수업에 참가하는 사람이 적은 문제를 해결하기 위한 대책을 강구한다.

1. 사전에 확실하게 고지한다.

2. 수업 참가를 강제해야 하는가?

　　질문　의욕이 없는 사람을 모아봤자 소용없지 않나?

　　질문　사람을 꼭 모아야 할까?

구체적으로 어떤 어려움이 있는가?

필기를 마친 야구치는 자신이 쓴 걸 보면서 입을 열었다.

"이렇게 다시 보니 애초에 다들 과제를 제대로 이해했는지 의문이 들어요. '사람을 모을 필요가 있을까?'라고 생각할 정도니까요. 그 지점에서부터 논의하지 않을래요? 질문으로 하면 '참가자가 적으면 구체적으로 어떤 문제가 있을까?'가 될까요?"

화이트보드에 새로운 질문이 적혔다.

"그럴지도 모르겠군요. 그러면 그 질문에 대해 먼저 내 생각을 말할게요."

한 컨설턴트가 포문을 열었다.

"사실은 수업을 받아야 하는 사람들이 전혀 받지를 않아요. 특히 젊은 컨설턴트는 다양한 수업을 받으면서 기본 능력을 끌어올렸으면 하는데 전혀 그렇게 되지 않고 있습니다."

이 말을 듣고 다른 컨설턴트가 말했다.

"역시, 그런 생각을 갖고 있군요. 저는 오히려 강사의 의욕이 떨어지는 게 문제라고 생각합니다. 모처럼 시간을 들여서 수업을 기획해봤자 참가자가 모이지 않으면 할 맛이 나지 않거든요."

회의를 참관하는 가타자와는 ('참가자가 적다'라는 같은 현상도 어떤 시각에서 보느냐에 따라 견해가 다르다. 두 가지 견해가 나왔어) 속으로 이런저런 생각을 했다.

이때 다른 컨설턴트가 질문을 던졌다.

"그게 사실이에요? 참가자가 적어서 의욕이 떨어지는 사람이 실제로 있다고요?"

"그렇게 말하니까……. 딱히 누군가에게 들은 건 아니고, 내 경험과 느낌이라고 해야지."

"과거에도 참가 희망자가 한 명도 없던 수업은 없었을걸요. 그런 문제로 강사의 의욕이 떨어진다는 얘기도 들은 적이 없어요. 그 문제는 그렇게 신경 쓰지 않아도 될 것 같은데."

"……그런가, 그럴지도 몰라."

야구치가 즉각 화이트보드에 결론을 정리했다.

"그러면 참가자가 적어서 생기는 문제는 '수업을 받아야 할 사람이 받지 않아서 컨설턴트가 능력을 끌어올리지 못한다'라고 정리해도 될까요?"

수긍하는 사람이 많아서 의견이 정리되어가던 그 순간, 야구치가 지금까지 의견을 말하지 않았던 아빠에게 물었다.

"스즈카와 씨는 어떻게 생각해요?"

의제

'수업에 참가하는 사람이 적은' 문제를 해결하기 위한 대책을 강구한다.

1. 사전에 확실하게 고지한다.

2. 수업 참가를 강제해야 하는가?

> **질문** 의욕이 없는 사람을 모아봤자 소용없지 않나?

> **질문** 사람을 꼭 모아야 할까?

> **질문** 참가자가 적으면 구체적으로 어떤 문제가 있을까?

>> a) 수업을 받아야 할 젊은 컨설턴트가 받지 않는다,
>> 능력을 끌어올리기가 어렵다.

>> b) 강사의 의욕↓

>>> **질문** • 정말일까?

>>> • 참가자가 없었던 적은 과거에 한 번도 없었다.
>>> • 강사에게 그런 말을 들은 적이 없다.

>>> **결론** • 영향 없음

아빠는 잠시 생각하더니 입을 열었다.

"글쎄, 말로 잘 표현할 수 없지만 뭐라고 할까… 사람이 적으면 수업 분위기가 처지지 않을까? 내 경험을 봐도 수강자의 참여도가 높으면 만족도도 높았던 것 같아."

"아, 그런가요?"

다른 컨설턴트가 그 말을 받아서 말하기 시작했다.

"참가자가 많으면 수업 자체의 질이 높아지는 경향이 있을지도 모르겠네요. 질의가 활발해지거나 참가자가 자신들의 생각과 의견을 털어놓으며 내용이 깊어질 때가 자주 있거든요."

"과연, 확실히 그런 효과가 있을지도 모르겠네."

"그렇게 생각하면 수업에 많은 사람이 참가하는 데는 여러 이점이 있는 것 같습니다. 컨설턴트의 능력을 끌어올린다는 관점에서도, 수업의 질을 향상시킨다는 관점에서도……."

야구치는 말하는 동안 화이트보드에 나름대로 결론을 적었다.

의제

'수업에 참가하는 사람이 적은' 문제를 해결하기 위한 대책을 강구한다.

1. 사전에 확실하게 고지한다.

2. 수업 참가를 강제해야 하는가?

　　질문 의욕이 없는 사람을 모아봤자 소용없지 않나?

　　질문 사람을 꼭 모아야 할까?

　　질문 참가자가 적으면 구체적으로 어떤 문제가 있을까?

　　　　a) 수업을 받아야 할 젊은 컨설턴트가 받지 않는다,
　　　　　 능력을 끌어올리기가 어렵다.

　　　　b) 강사의 의욕↓

　　　　　질문 • 정말일까?

　　　　　　　 • 참가자가 없었던 적은 과거에 한 번도 없었다.
　　　　　　　 • 강사에게 그런 말을 들은 적이 없다.

　　　　　결론 • 영향 없음

　　　　c) 흥이 나지 않는다.
　　　　 • 사람이 많으면 수업의 질이 올라간다, 질의, 경험담

　　결론 a, c는 사람이 모이지 않았을 때의 폐해

⁞ 왜 그런 일이 발생할까?

"자, 다들 과제를 제대로 파악하게 되었군요. 그러면 개선책에 관한 논의로 돌아가기 전에 수강 인원이 적은 원인도 대강이나마 확인해두면 어떨까요?"

야구치가 진행 방식을 제안했다.

"생각해봐야 할 문제이니 '왜 수강 인원이 적은 것일까?'라고 물으면 되겠죠?"

야구치는 말하면서 화이트보드에 써 내려갔다. 저렇게 아무렇지도 않게 하는 게 얼마나 어려운지 아오이는 잘 알고 있었다.

"그렇지, 애초에 수업이 있는 줄 모르는 게 아닐까?"

"메일로 사전에 연락했지만 그게 흥미를 끌지 못했을지도 몰라요."

"일하느라 바빠서 수업을 듣기 힘든 사람도 있을걸요?"

"수업 자체에 재미를 느끼지 못하거나 흥미가 없는 거 아닐까요?"

야구치가 자신이 쓴 필기를 보면서 고개를 갸웃거렸다.

"지금까지 나온 의견을 정리해보면 '원래 알지 못했다', '알지만 별 관심이 없다', '관심이 있지만 갈 수 없다'라는 3단계로 분류할 수 있을 것 같은데요?"

야구치는 필기한 의견을 다시 세 개로 분류했다.

"그렇네요. 이 세 가지만 극복이 된다면 수업에 참가할지도 모르겠네요. 그 외에 또 어떤 원인이 있을까요?"

수업 참가자가 적다.
원인을 브레인스토밍

**처음부터
알지 못했다**

① 수업이 있는 줄 모른다.
② ×××

**알지만
관심 없다**

③ 흥미를 끌 만하게 알리지 못했다.
④ 수업 자체가 재미있어 보이지 않는다.
⑤ ×××

**관심 있지만
갈 수 없다**

⑥ 일하느라 바빠서 수업을 듣기 힘들다.
⑦ ×××

수업을 들을 수 있게
해준다!

그 외 몇 가지 원인이 더 지적된 후, 야구치가 입을 열었다.

"거의 다 나왔네요. 이 중에서 가장 큰 원인은 뭐라고 생각하세요?"

"역시 ①번과 ③번, 그리고 ⑥번일까?"

다른 컨설턴트도 고개를 끄덕였다.

"그러면 이 점을 염두에 두고 대략적인 대책을 말해볼까요?"

회의 중에 꼭 확인해야 할 것들 – 두 번째

"뭐 좀 물어봐도 되겠습니까?"

가타자와가 손을 들었다.

"솔직히 말해 진행 속도가 빨라서 논의를 따라가기도 벅찹니다. 잠깐 정리도 겸해서 몇 가지 물어봐도 되겠습니까?"

가타자와는 주눅 들지 않고 당당하게 자신의 의견을 말했다.

"네. 물론이죠."

야구치가 변함없이 웃음을 잃지 않은 채 대답했다.

"지금까지의 흐름을 보면… 지난 반년을 돌아보고 좋았던 점, 나빴던 점을 규명했죠. 그리고 잘못한 점 가운데 가장 중요한 현안을 두 가지로 좁혔어요."

"네. 그랬죠."

"다음 의제는 해결책의 검토였잖아요? 그래서 곧바로 해결책에 관해 논의하는 줄 알았더니, 다시 과제와 원인으로 돌아가서 논의가 번복되는 느낌이 들었는데요……."

"'느낌이 들었는데요……'?"

야구치가 가타자와에게 뒷말을 재촉했다.

"뭐라고 해야 하나… 반대로 논의가 합의에 이르는 느낌도 들어서 좀 혼란스러웠어요. 무슨 의도로 그랬는지 알려주시겠습니까?"

"그랬었군요. 음, 색다른 관점인데요."

【Point 4 과제 해결의 5단계를 활용한다】

"제 경우, 퍼실리테이터로서 과제 해결을 위한 논의를 할 때, '과제 해결의 5단계'를 활용하면서 회의를 진행합니다."

야구치는 이렇게 말하면서 다시 화이트보드에 쓱쓱 써 내려갔다.

과제 해결의 5단계

아래서부터
의견을
일치시킨다.

5. **효과** 어느 대책이 효과가 클까?

4. **대책** 어떤 해결책이 있을까?

3. **원인** 그 문제는 왜 발생했을까?

2. **문제** 구체적으로 어떻게 힘든가?

1. **현상** 무슨 일이 생겼는가?

"이 5단계 가운데, 지금은 어디에 관해 이야기하고 있는지를 주의 깊게 관찰해요. 하위 단계에서 의견이 일치하지 않으면 상위 단계에서도 절대 의견이 일치하기가 힘들어요. 이번 사례에서는 가타자와 씨가 말한 대로 처음부터 단계 4를 하려고 했는데, 도중에 단계 2에 관한 이야기가 나와서 단계 4와 단계 2에 관한 논의가 뒤섞였어요. 단계 4에 관해 말하고 싶은 사람과 단계 2의 결론이 확실하게 이해되지 않은 사람의 의견이 혼재된 거죠."

"과제 해결의 5단계 법칙이라… 이거, 유용할 것 같은데요."

야구치가 화이트보드에 쓴 것을 노트에 메모하는 가타자와를 보고, "잠시만"이라며 아빠가 손을 들었다.

"좀 더 보충하면 과제 해결을 논의할 때, 논의가 두서없이 진행되거나 혼란스러운 이유 중 80퍼센트는 이 단계별 논의의 혼선이야. 단계가 엇갈리면 몇 시간을 논의해봤자 의견이 모아지기가 힘들어. 논의하는 단계가 다르니 의견이 일치하지 않고 회의가 제자리를 맴돌게 되지."

"스즈카와 씨. 명쾌하게 정리해주셔서 감사해요. 그런데……."

야구치가 팔짱을 끼고 웃었다.

"아, 미안. 중간에 끼어들어서."

"가타자와 씨가 아까 '논의가 합의에 이르는 느낌'이라고 말했잖아요. 그 말대로 언뜻 보기에 멀리 돌아가는 것처럼 보여도 단계 2의 논의에 초점을 맞추고 일치시켜야 결과적으로 결론도 빨리 나오고 이해도도 높아집니다. 퍼실리테이터라면 마땅히 그래야 한다고 생각해요."

"두 분이 하신 말씀 충분히 이해했습니다. 두 분 다 대단해요."

세 사람의 대화를 듣고 아오이는 약간 충격을 받았다. 논의 내용은 이해했지만 가타자와와 같은 입장에서 지켜볼 생각을 못 했다는 게 약간 창피하기도 했다.

가타자와는 논의가 어떤 식으로 흘러가고, 또 퍼실리테이터가 어떻게 흐름을 컨트롤하는지 자세히 관찰했다. 그래서 그런 질문을 할 수 있었던 것이다.

그리고 야구치도 대단했다. 퍼실리테이션을 쉽게 하는 것처럼 보였는데, 그 이면에 이런 체계적인 이론과 경험을 갖추고 있을 줄이야.

게다가 가타자와가 질문을 함으로써 과제 해결의 5단계 법칙에 관해 설명을 들을 수 있었다. 만약에 그가 질문하지 않았더라면 5단계에 관해 알 기회가 있었을까?

그렇게 생각하면 자신의 의견이나 의문을 솔직하게 말하는 자세가 중요한 것 같다……. 나는 어째서 의견을 말하지 못하는 것일까? 모두의 시간을 뺏는 게 미안하고 조심스러워서? 아니면 내 의견에 자신감을 가지지 못하기 때문일까?

머릿속으로 이런저런 생각을 하고 있자니 아오이에게도 한 가지 의문이 떠올랐다.

【Point 5 발언하지 않은 사람에게도 기회를 준다】

아오이는 가타자와의 얼굴을 흘깃 쳐다보았다. 가타자와는 방금 전의 대화를 메모하는 데 의식을 집중하고 있는 듯했다. 하지만 야구치는 머뭇거리는 아오이를 놓치지 않았다.

"아오이 씨, 뭐 궁금한 거라도 있어요?"

"네? 이, 있어요."

아오이는 별안간 지목을 받고 조금 당황했으나 머릿속에 떠오른 의문을 털어놓았다.

"저, 논의가 정리되어갈 즈음, 그때까지 가만히 있던 아빠에게 의견을 물었잖아요……. 그건 뭔가요?"

야구치는 바로 대답하지 않고 아오이에게 다시 질문을 던졌다.

"'그건 뭔가요?'라고 물으면 뭐라고 대답해야 할지 모르겠어요. 조금 더 구체적으로 말해줄래요?"

"어, 그러니까 그게 오히려 더 시간 낭비 아닌가요? 기껏 결론이 나오려고 하는데."

아오이는 생각을 정리하면서 말했다.

"나는 시간 낭비라고 생각하지 않아요. 오히려 중요한 과정이 아닐까요? 가만히 있는 사람 중에도 여러 타입이 있어요. 대개 5가지로 분류되죠."

야구치는 화이트보드에 써 내려갔다.

발언하지 않는 사람 5가지 종류

a. 논의를 따라가지 못한다.

b. 뭔가 어렴풋이 떠오른 생각이 있지만 정리를 하지 못한다.

c. 뭔가 하고 싶은 말이 있지만 말하기를 꺼린다.

d. 다른 사람의 의견과 같아서 굳이 말할 필요를 느끼지 못한다.

e. 처음부터 논의에 별 관심이 없다.

아빠든 야구치든 화이트보드에 쓰는 것이 자연스러운 행위로 정착되었음을 충분히 알 수 있었다. 단순히 필기를 할 뿐인데, 글로 적으면 누구나 알기 쉬웠다.

"이번 사례는 결과적으로 b였어요. 덕분에 스즈카와 씨 의견을 듣고 새로운 관점에서 정리할 수 있었죠. 가령 새로운 관점에서 정리하지 못한 상태에서 여전히 a, b, c인 사람이 있다면 회의 결론에 수긍할 수 있을까요?"

"나라면 석연치 않은 느낌만 남을 것 같아요."

가타자와가 대답했다. 야구치는 다시 가타자와를 보고 빙그레 웃었다.

"맞아요. 그런 상태로 결론을 내봤자 나중에 군소리만 나올 뿐이에요. 그러니 발언하지 않는 사람도 확실히 챙겨야 해요."

정말로 그럴지도 모른다. 곰곰이 생각해보니 고객서비스과에서 회의를 열면, 가만히 있는 사람이 대부분이고 극히 일부만 떠들었다. 가만히 있는 사람도 하고 싶은 말이 있을 텐데도 왜 그러는 것일까?

야구치는 설명을 계속했다.

"가령 그 사람의 상태가 c와 d라고 하면 발언 기회를 줘도 시간을 잡아먹지 않아요. e라면 애초에 그 사람을 회의 자리에 부른 것 자체가 잘못되었을 가능성이 있고요. 어느 쪽이든 발언 기회를 주면 해결되는 문제예요. 결과적으로 유익한 정보를 얻을 수 있을 때가 많고요."

"조금 보충해도 될까?"

아빠가 짓궂은 표정을 지으며 야구치를 바라보았다.

"어떤 상태든 가만히 있는 사람의 의견을 듣지 않으면 모두가 그 회의에 납득하지 못하는 경우가 많아. 말을 많이 하는 사람이 있다면 그 사람만 발언하게 되지. 그래서 말수가 적은 참가자에게 발언할 기회를 마련해줘야 해. 지금 야구치 씨가 발언 기회를 주지 않았다면 아오이도 석연치 않은 느낌이 남지 않았을까?"

아빠 말이 맞긴 맞다. 아오이는 갑자기 부끄러워졌다. 제법 적극적이 되었다고 생각했는데 아직 멀었다.

주눅이 든 채로 있으면 아무것도 변하지 않는다. 아무것도 배울 수 없다. 가타자와는 야구치의 모습을 보고 절실히 느꼈다.

【Point 6 질문, 의견, 우려를 명확하게 말하게 한다】

"야구치 씨, 한 가지 더 말해도 될까?"

아빠가 야구치에게 발언 기회를 구했다.

"네. 스즈카와 씨, 말씀해주세요."

"야구치 씨가 아까부터 남이 의견을 말할 때 정확하게 발언하도록 이끌어가는 능력은 정말 탁월했어. 아오이와 가타자와 군이 말끝을 흐리지 않고 분명하게 말하게 유도했다는 걸 알고 있었어?"

아오이와 가타자와가 나란히 고개를 끄덕였다. 두 사람이 자신의 말에 동의하자 아빠는 단호한 표정으로 말을 이어갔다.

"누구나 회의를 유심히 관찰해보면 알게 될 거야. 말을 얼버무리고 끝까지 다 하지 않는 사람이 정말로 많다는 걸. 대부분 회의의 분위기나 발언자의 속뜻을 알기 때문에 다소 말끝을 흐려도 뜻이 전달되긴 해. 하지만 회의에서는 말을 끝까지 다 하지 않으면 무슨 말을 하려는지 알 수가 없어. 질문인지, 단순히 의견인지, 개선을 바라는 주장인지 알 수가 없다고.

예를 들어, '장시간 의논했더니 회의실 공기가……'라고 발언을 끝맺는다고 하자.

- 공기가 탁해진 것 같아.(의견)
- 공기가 나빠진 이유는 뭘까?(질문)
- 공기가 나쁘니 환기하자.(제안)
- 공기(분위기)가 나쁘니까 회의를 중지하자.(우려)

이런 뜻으로 풀어 봐도 대체 무엇을 말하는 건지 전혀 알 수가 없잖아. 일반적으로 자리의 분위기와 흐름에 따라 예측하고 판단하지만 어디까지나 예측이라서 틀릴 때도 많아. 예측이 빗나가면 논의도 갈팡질팡하고, 결국 엉뚱한 결론으로 끝나지 않겠어? 그래서 퍼실리테이터가 마지막까지 똑바로 정확하게 말하도록 유도하는 거야."

가타자와가 밝은 목소리로 말했다.

"회의를 합의에 이르게 하는 과정이 간단하지가 않네요."

"그렇지, 눈에 보이지 않는 거니까. 하지만 요령만 알면 별거 아니야. 나머지는 얼마나 경험하고 익숙해지느냐에 달렸어."

아빠가 긴 설명을 끝낸 탓인지 홀가분한 표정을 지었다.

ⵣ 점심시간에도 회의의 기술을 정리하다

회의에 집중하느라 눈 깜짝할 새에 시간이 지나갔다. 어느새 정오가 다 되었다.

"아, 벌써 점심시간이구나. 설명에 시간을 너무 많이 썼네. 이쯤 하고 점심이나 먹으며 잠시 쉬지? 회의는 한 시간 후에 재개하자."

아빠의 제안에 한 시간가량 회의를 중단하고 휴식하기로 했다. 스즈카와 부녀, 가타자와, 야구치 네 사람이 함께 점심을 먹으러 빌딩 밖으로 나갔다.

"아, 날씨가 좋으니까 기분까지 좋네."

야구치가 기지개를 크게 켰다.

"그런데 어디로 갈까? 날씨도 좋고……, 오픈테라스가 있는 퓨전 식당은 어때?"

"점심 미팅에 자주 가는 그 식당이오? 거기로 가죠."

회사에서 걸어서 3~4분 거리에 있는, 커다란 테라스가 있는 식당에 도착했다. 일행은 테라스 석의 한 구석에 자리를 잡았다. 테라스 테이블에 앉으니 더할 나위 없이 기분이 좋았다. 바쁜 컨설턴트들은 여기서 점심을 먹으면서 짧은 미팅도 한다고 한다.

"그런데 두 사람은 어떤 관계인가요?"

식당으로 향하면서 야구치가 단도직입적으로 물었다.

"네? 아, 그게……."

아오이는 순간 말을 망설였다. (이럴 때는 뭐라고 대답해야 하지……?)

"어, 그냥 동료입니다. 아오이 씨는 입사 2년 차이고, 저는 7년 차로 부서 선배라고 할 수 있죠."

가타자와가 선뜻 대답했다.

"그래요? 사이가 좋아 보이기에 남자 친구인가 했어요."

"아, 아니에요!"

아오이도 당황해서 얼버무리며 대답했다. 아빠가 바로 앞에 있어서 어떻게 대답해야 할지 난감했다. 아빠는 싱글벙글 웃으며 세 사람의 대화를 듣기만 하고 아무 말도 하지 않았다.

테라스에는 기분 좋은 바람이 불었다. 이 계절에는 테라스 테이블이 최고이다. 주문을 마치자 아빠는 노트를 꺼냈다.

"아직 회의 도중이지만 퍼실리테이션의 핵심은 꽤 보여준 것 같아. 지금까지 어땠나? 수확은 있었고?"

"네, 굉장히 많았습니다. 스즈카와 선생님에게 상담하길 잘했어요."

가타자와가 진심을 담아 말한 후, 아오이가 말을 이어받았다.

"저도 그렇게 생각해요. 가령 과제 해결의 5단계 이론이나, 가만히 있는 사람에게 발언 기회를 주는 건 우리 회의에서도 지금 당장 써먹을 수 있는 유용한 테크닉이에요."

"하나 덧붙이자면, 저는 퍼실리테이터가 진행 방식을 제안하는 모습에 놀랐어요."

가타자와의 예리한 관찰력에 아빠가 감탄하면서 설명을 덧붙였다.

"퍼실리테이터가 '어떻게 할까요?'라고 말하기만 해서는 회의가 진행되지 않아. 그래서 진행 방식을 직접 제안하고 참가자의 의사를 확인하는 거야. 회의가 막힘없이 진행되도록 제때 제안하는 능력이 훌륭한 퍼실리테이터의 기본 조건이야. 회의가 촉진되어 목표를 달성할 수 있다면 수단은 가릴 필요가 없다는 뜻이지.”

“수단은 가리지 않되, 호감을 가지도록 부드럽게 이끌어가야 해요. 참가자에게 미움을 사면 회의가 원활하게 진행되지 않으니까요.”

야구치가 생글생글 웃으며 말을 덧붙였다.

“그렇지, 그 분야에 관해서는 야구치 씨를 따라갈 사람이 없지.”

“과찬의 말씀이지만, 웃는 얼굴로 호감 가게 행동하는 것도 퍼실리테이터로서는 아주 중요해요.”

“그리고 방금 회의에서 야구치 씨는 퍼실리테이터로서 많은 걸 했어.”

가타자와와 아오이의 얼굴을 번갈아 확인하고 나서 아빠는 노트에 네모난 상자 네 개를 그렸다.

“다양한 스킬이 나왔으니 여기에서 전체적으로 정리해보자. 우선 회의는 네 단계로 나눌 수 있어. ‘준비’, ‘도입’, ‘진행’, ‘정리’의 네 단계야.”

아오이와 가타자와가 노트를 들여다보았다.

“‘준비’는 문자 그대로 사전 준비 단계야. 회의실 수배와 자료 준비, 참가자에 대한 사전 연락 등을 생각할 수 있어. 사전 준비가 끝나면 이후에 필요한 요소는 극히 일부에 불과해. 사전 준비를 얼마나 철저히 하느냐가 회의의 결과를 결정한다고 해도 과언이 아닐 정도로 준비가 중요해. 그런데도 진행 방식 등 회의에 필수적인 준비를 거의 하지 않는 게 현실이야."

아빠는 노트를 손가락으로 가리키며 이어서 말했다.

"'도입'의 목적은 참가자를 논의의 출발 지점에 세우는 거야. 다짜고짜 논의에 들어가는 회의를 자주 보는데, 도입을 소홀히 하면 참가자가 도중에 길을 잃게 돼. '종료 조건의 확인'과 '시간 배분의 확인'은 이미 잘 알고 있겠지."

아빠는 그렇게 말하면서 노트에 계속 뭔가를 써 내려갔다.

"다음은 '진행'이야. 진행의 목적은 논의를 촉진해서 회의의 목표를 달성하는 데 있어. 참가자가 자기 멋대로 발언하면 논의가 갈피를 잡을 수 없게 되거든. 이렇게 되면 교통 정리가 필요해. 이때 필기를 하면 좋다고 가르쳐줬지. 마지막은 '정리'가 되겠지. 정리의 목적은 그때까지의 논의를 헛되이 하지 않는 거야. 자네들이 잘 알고 있는 '정해진 안건, 해야 할 일의 확인'을 하면 돼."

가타자와는 다시 크게 고개를 끄덕였다.

"과연. 그렇게 생각하면 오늘 야구치 씨가 설명한 여섯 가지 포인트는 거의가 '진행'에 해당되는군요."

야구치가 빙그레 웃으며 아빠 대신 대답했다.

"맞아요. '도입'과 '정리'만 제대로 해도 회의는 한결 좋아져요. 숨은 퍼실리테이터에 익숙해지면 다음 단계, 앞에 나가 퍼실리테이터로서 회의 진행을 이끌어갈 때 꼭 필요한 스킬들이죠."

"음. 하지만 아오이는 아직 그럴 배짱이나 경험이 좀 부족하다고 봐야지. 야구치 씨가 했던 퍼실리테이션을 다시 정리해볼까."

아빠가 항목을 추가하고 네 단계로 나눠 각각 해야 할 일을 정리했다.

"실제로 퍼실리테이션할 때는 여기에 다 쓰지 못할 정도로 많은 스킬을 총동원해서 하지만, 지금은 이 정도만 기억해둬도 충분할 거야."

아빠는 펜을 내려놓더니 물을 한 모금 마시곤 이어서 말했다.

〈회의의 4단계와 퍼실리테이터 스킬〉

회의의 4단계	숨은 퍼실리테이터의 스킬 ('확인한다 & 필기한다'가 중심)	숨지 않는 퍼실리테이터의 스킬 (야구치 씨가 한 것)
준비		사전에 준비한다. • 종료 조건과 진행 방식을 설계. • 일방적으로 밀어붙이지 않고 합의를 이끌어낸다.
도입	종료 조건을 확인한다. • 어떤 상태가 되어야 회의 종료인가? 시간 배분을 확인한다. • 시간 내에 마무리한다는 의식을 갖는다.	
진행	필기한다 • 의견 • 논점 • 결정 사항 토론 ○ 정리 효과 대책 원인 문제 현상	토론과 정리의 프로세스를 밟는다. • 의견을 다 내놓고 나서 다음 논의로. 모여서 논의해야 할 것에 집중. • 개인이 해야 할 일은 개인이 알아서. 과제 해결의 5단계를 의식한다. • 하위 단계에서부터 의견을 일치시킨다. 말하지 않는 사람에게 발언 기회를 준다. • 모두가 납득할 수 있게 한다. • 석연치 않은 느낌을 남기지 않아야 한다. 의견을 정확하게 말하게 한다. • 멋대로 예측하지 않는다. +호감 가지도록 웃으며 진행한다.
정리	정해진 안건, 해야 할 일을 확인한다. • 참가자 간 인식을 일치시킨다. • 담당자, 기한을 명확하게 확인한다.	

"회의가 잘 굴러가고 있는지, 의견이 잘 나오고 있는지를 퍼실리테이터는 늘 관찰하고 체크해야 해. 무슨 문제가 있으면 즉시 조치를 취해야 하거든. 논의와 합의 상황을 지켜보며 필기로 참가자들 눈에 보이게 만들어야 하고. 눈에 보이게 하지 않으면 논의가 갈팡질팡하거나 제자리를 맴도니까. 또 논점을 컨트롤하거나 '정해진 안건'은 물론 '정해지지 않은 안건'을 확인해야 할 때도 있어. 상황에 맞게 다양한 일을 하는데, 여기에 쓴 것만 착실히 해도 충분히 좋은 퍼실리테이터가 될 거야."

아오이는 처음으로 '정해진 안건 확인'을 시작했을 때를 떠올렸다. 간단한 일이었지만 효과는 확실했다. 간단하지만 시작하기까지 상당한 용기가 필요했다. 일단은 할 수 있는 것부터 착실히 몸에 익히자.

"그건 그렇고 야구치 씨는 어떻게 이렇게 퍼실리테이션을 할 수 있게 된 거죠? 처음부터 이렇게 잘했나요?"

아오이가 솔직하게 물었다.

"아마. 스물여섯에 이 회사에 전직하고 2년쯤 지났을 때였나? 어느 정도 회사 분위기에 익숙해졌을 때 퍼실리테이션이란 게 있다는 걸 처음 알았어요. 처음에야 물론 고생했지요. 하지만 자꾸 해보면서 익숙해지는 게 중요하다고 생각해요. 핵심적인 요령만 몸에 익히면 누구나 잘할 수 있는 스킬이지요."

"제가 보기에는 야구치 씨는 재능을 타고난 것 같은데요……."

"저도 처음 시작할 때만 해도 회의를 잘 이끌어가는 사람에게는 타고난 소질이나 특성이 있어야 한다고 생각했어요. 하지만 요즘은 재능과 성격이 있다기보다 제대로 된 방법론과 기술만 배우면 누구나 할 수 있다고 믿게 됐어요."

"야구치 씨도 처음에는 힘들었군요. 저…, 새로운 것에 도전하거나, 의견을 터놓고 말하는 데 거부감은 안 들었나요?"

"물론 처음에는 남들과 다르지 않았어요. 하지만 지금은 별문제가 없어요. 철저하게 '의견을 듣고' '도전하는' 것에서 모든 것이 시작된다고 느끼게 되면서 자신감을 얻었다고나 할까. 그것도 다 퍼실리테이션을 배우고 나서지만."

야구치는 잠시 한숨 돌리고 나서 이야기를 계속했다.

"예를 들어 회의에서 한 마디도 하지 않은 사람보다 비록 요점에서 벗어났다 하더라도 뭔가 발언하는 사람이 퍼실리테이션을 배우기가 훨씬 쉬워요. 불만을 말하지 않으면 개선할 수가 없거든요. 의견을 말하지 않으면 변화는 일어나지 않고, 도전하지 않으면 아무것도 배울 수 없다고 믿어야죠.

좀 더 말하면 '속으로 괴로움에 몸부림칠 바에야 행동하는 편이 훨씬 낫다'고 말할 수 있을지도 모르겠네. 한 발 앞으로 내디디려면 순간의 용기가 필요하다고 말할 수도 있겠지요. 하지만 내딛지 않으면 평생 참고 힘들게 살아야 할지도 몰라요."

아오이는 할 말을 잃었다. 지금까지는 아빠에게 등을 떠밀려서, 가타자와의 독려를 받으며 조금씩 행동해왔는데, 자신의 강한 의지로 나선 적은 없었다. 정말 이대로 괜찮은 걸까? 지금 도전하지 않으면 앞으로도 영영 기회가 오지 않을 수도 있다.

ː 문제 해결을 위한 대책 마련과 정리하기

　일행은 기분 좋게 점심 식사를 마치고 회의실로 돌아왔다.

　"그러면 후반전이군. 대책 마련과 정리하기에 들어갑시다. 먼저 오전에 했던 논의를 돌아볼까요?"

　야구치는 그렇게 말하고 자연스럽게 화이트보드 앞에 섰다.

　이럴 때 화이트보드는 아주 편리하다. 화이트보드에 쓰여 있는 것을 위에서부터 쭉 읽기만 하면 그걸로 돌아보기가 되기 때문이다. 게다가 회의를 방금 막 끝낸 듯 그때의 느낌이 되살아난다.

　"여기에서는 이러이러한 논의를 하여 이것과 이것이 정해졌고, 원인에 대한 인식을 일치시키는 데까지 마친 상태였습니다. 오후에는 대책을 내고, 그중 몇 가지로 간추리는 작업에 들어가겠습니다. 어? 아오이 씨, 말씀하세요."

　아오이가 손을 들었던 것이다.

　"저, 제가 퍼실리테이션을 해도 될까요?"

　아오이의 목소리가 살짝 떨렸다.

　"네?"

야구치가 곤혹스러운 얼굴을 했다.

"혹시 폐가 안 된다면 한번 해보고 싶어요."

목소리는 떨렸지만 아오이는 똑바로 야구치를 보았다.

"아니, 괜찮아요. 직접 해보는 게 좋은 경험이 될 거라 생각해요. 여러분, 아오이 씨에게 맡겨도 될까요?"

"물론 되고말고요."

"도전하는 모습이 멋진데요! 잘할 수 있어요. 힘내세요."

컨설턴트들이 제각기 말했다. 아빠도 가만히 지켜보며 웃고 있었다.

"그러면 퍼실리테이터 아오이 씨, 잘 부탁해요."

야구치가 다정하게 화이트보드 펜을 건네주었다.

(아, 가슴이 쿵쾅거리네, 왜 이런 걸 한다고 말했을까… 지금 제정신이 아니야.)

"속으로 괴로워할 바에야 행동하는 편이 낫다"라고 했던 야구치 씨의 말에 자극을 받아 충동적으로 한다고 말해버렸다……. 이왕 이렇게 된 거, 하는 수밖에 없어!

아오이는 각오를 단단히 하고 정면을 바라보았다.

"잘 부탁드립니다. 먼저 진행 방식부터 확인하고 싶습니다. 대책을 대강이나마 내고 그 후에 우선순위를 정하려고 하는데 괜찮을까요?"

"그렇게 합시다. 시간은 15분 정도면 될까요?"

"브레인스토밍은 어떻게 하죠? 따로 포스트잇에 써서 낼까요?"

"아니, 그렇게 많지도 않고 모처럼 아오이 씨가 나섰으니 필기로 하죠."

"그렇군요. 그러면 우선순위는 어떻게 정할까요?"

"일단 효과와 비용을 고려해서 하는 편이 낫다는 쪽을 추천할게요. 추후에 합의로 결정합시다."

과연 퍼실리테이션을 구체적으로 잘 아는 컨설턴트들이었다. 아오이가 대강의 진행 방식만 제시했는데도 알아서 척척 논의 단계를 구체화해갔다.

"아오이 씨, 정해진 안건을 써줄래요?"

야구치가 채근했다.

순간 아오이가 당황했지만 화이트보드에 펜으로 안건을 정리했다.

대책안을 마련한다(15분)

브레인스토밍으로 대책이 될 의견을 내고 필기한다.

우선순위를 정한다(10분)

효과와 비용을 검토해 합의제로 결정한다.

"그러면 이 진행 방식으로 결정하지요. 서둘러 대책을 말해봅시다."

전원이 퍼실리테이션을 알고 있으면 논의하기가 훨씬 수월해진다. 여러 측면에서 지원해주니 회의가 막힘없이 쭉쭉 진행된다. 마치 전원이 하나의 목표를 향해 함께 앞으로 나아가는 모양새이다.

"그러면 대책안을 내봅시다. 예를 들어 운영팀이 '눈길을 끄는 방법으로 사전 고지'를 할 수도 있잖아요."

"'3개월 전부터 수업 일정을 큼직하게 써 붙여놓는' 건 어떨까요?"

"그것도 의외로 괜찮은 방법일지 모르겠네요. 메일을 보고도 잊어버리니까."

"'수업 참가를 필수로 한다'라는 의견도 있습니다."

아오이는 필사적으로 논의를 필기했다.

"아오이 씨, 열거한 선택지에는 번호나 알파벳을 매기면 좋아요. 나중에 논의하기 편하게."

야구치의 조언을 받아서 항목별로 알파벳을 써넣었다.

문득 돌아보니 아빠가 얼굴을 찌푸리고 있었다. 잠시 뜸을 들이다 야구치 씨가 장난스럽게 웃으며 "아오이 씨, 논의 내용에 불만인 사람이 있어요"라고 일러주었다.

아오이는 그 말을 듣자마자 "스즈카와 씨, 뭐 하실 말씀이라도 있나요?"라고 지목해서 물었다.

"아아…, '강제'로 하라니 말하기가 좀 껄끄러운데……."

"그런가요……."

어쩔 줄을 몰라 하는 아오이에게 어떤 생각이 퍼뜩 떠올랐다. 이런 게 얼버무리는 패턴이라고 할 수 있겠네.

"의견을 좀 더 정확하게 말씀해주시겠어요?"

아빠는 빙그레 웃었다. 아무래도 일부러 말꼬리를 얼버무리며 발언한 모양이다.

"자주적으로 참여하지 않으면 능력도 끌어올리지 못하고 수업 분위기도 살지 않아. 강제로 참여시키면 참가자가 마지못해 참여하게 되겠지? 많이 모인다고 다가 아니야. 강제로 모으자는 의견에는 찬성할 수 없어."

"그렇군요……."

어떻게 정리해야 할지 모르는 상태에서 아오이는 불안해졌다.

(반대 의견이 나왔다, 이다음에는 어떻게 하지… 일단 필기부터 해야 하나?)

다음 순간 다시 야구치가 도움의 손길을 내밀었다.

"일리 있는 말씀이에요. 아오이 씨, '강제로 참가하면 의욕이 없는 참가자가 모이게 되지 않을까?'라는 질문을 써주지 않겠어요? 스즈카와 씨의 질문을 이렇게 정리하면 될까요?"

야구치는 아빠가 끄덕이는 모습을 확인하고 다시 아오이를 보았다.

"이런 식으로 반대 의견이 나오면 불안해하지 말고 우선 논점을 정리하도록 해요. 모르거나 애매하면 참가자에게 질문하면 돼요. 다들 이 질문에 대해 어떻게 생각합니까?"

"강제로 해도 예상과 달리 의욕이 있는 사람들이 올 수도 있지 않을까?"

다른 컨설턴트가 자신의 의견을 말했다. 아오이는 야구치의 지원을 받으면서 겨우겨우 퍼실리테이션을 해나갔다. 꽤 많은 도움도 받으며 논의가 나아갔고, 대책은 두 가지로 좁혀졌다. 담당자도 정해지고, 정하고 싶은 안건들도 대충 결정되었다.

"음. 전부 정해졌군. 이걸로 오늘의 회의는 종료다!"

아빠가 환한 얼굴로 회의 종료를 선언했다.

"아오이 씨, 수고했어. 퍼실리테이션도 훌륭했어!"

야구치 씨도 아오이의 도전을 칭찬해주었다.

"처음에는 어떻게 될까 걱정했지만 결국 해냈네. 나도 해볼 걸 그랬나?"

가타자와는 웃으면서 말했지만 후회가 되는 모양이었다.

"고맙습니다. 하지만 굉장히 어려웠어요. 퍼실리테이터란 여간 힘든 게 아니네요. 참가자의 상황을 두루 살피고 발언을 이해하면서 흐름을 놓치지 말아야 하는데 뭐가 뭔지 모른 채 시간이 지나갔네요. 게다가 필기까지 해야 하니⋯ 정신이 하나도 없었어요."

"후후후, 처음인데 잘 끝났어요. 그러면 이만 마치겠습니다. 수고하셨습니다."

컨설턴트들은 서로 인사를 나누며 각자 자리로 돌아갔다.

"야구치 씨, 정말 고맙습니다. 많이 배웠습니다."

"천만에요, 다음 회의는 더 잘할 수 있을 거예요."

야구치의 한마디에 아오이는 갑자기 꿈속을 헤매다 현실로 돌아온 것 같았다. 아주 깔끔하게 진행되는 회의를 봤고, 부족하지만 스스로 퍼실리테이터로 나서 회의 진행도 해보았다. 회의와 관련된 스킬과 힌트를 많이 얻었지만, 다음에 실제 회의는 회사 사람들과 해야 한다. 그들과 함께 잘할 수 있을까?

"오늘의 힌트만으로는 조금 힘들지도 몰라."

아빠가 마음의 소리를 꿰뚫어 본 것처럼 말을 걸었다.

"회의의 사전 준비 부분은 한 마디도 하지 않았거든."

"사전 준비라고요?"

"그래. 야구치 씨가 사전에 진행 방식을 생각해놓는다고 말했지? 논의의 흐름을 어떻게 할지, 종료 조건은 무엇이 적절할지, 누구를 부를지 등등. 사전에 준비해야 할 요소가 잔뜩 있지."

"그것도 가르쳐줘요!"

아오이가 채근하듯 아빠에게 부탁했다.

"오오, 그래야지. 사전 준비하는 데도 여러 가지 요령이 필요하니까. 오늘은 다른 일로 스케줄이 꽉 차서 시간을 낼 수 없으니 다음 주쯤에라도 천천히 알려줄게."

"다음 주? 그건 곤란합니다."

이번에는 가타자와가 말했다.

"회사 회의가 다음 주 주말까지 결론을 내야 하거든요. 다음 주 초에라도 부탁드립니다."

"어? 정말?"

아빠는 쓴웃음을 지었지만, 아오이와 가타자와의 진지한 눈빛을 뿌리칠 수는 없었다.

"그러면, 이번 주말에……?"

"네! 부탁드립니다!"

가타자와의 힘찬 목소리가 사무실 한 층에 가득 울려 퍼졌다.

아빠의 일기 5

이거야 원, 금요일만이 아니라 일요일까지 일하게 될 줄이야……. 하지만 퍼실리테이팅이 제대로 된 회의를 보여주려던 내 생각은 옳았다. 일단 프로들이 시범을 보여주면 이후에 임하는 자세가 전혀 달라진다.

야구치 씨의 설명도 구체적이고 이해하기 쉬워서 좋았다. '과제 해결의 5단계 이론'은 아마 지금의 아오이에게 딱 맞는 유용한 이론일 것이다.

그러면 오늘 회의 때 빠진 부분들을 메모해두자.

① '전원이 퍼실리테이터'가 이상적이다

잠깐 이야기가 나왔는데, 회의에 참석한 직원 전원이 퍼실리테이터로 나서면 논의하기가 굉장히 수월하다. 아오이가 퍼실리테이팅을 했을 때 컨설턴트 전원이 지원에 나선 상태를 말한다.

회의는 누군가 한 명이 주도하는 게 아니다. 전원이 '숨은 퍼실리테이터

정신'을 갖는 것이 매우 중요하다.

가장 좋은 방법은 퍼실리테이션에 관한 책을 동료들끼리 돌려 보며 기초가 되는 이론을 함께 공부하고 실전에서 시도해보는 것이다. "이걸 해보자!"라고 팀을 짜서 실제로 해보라는 말이다. 혼자서 새로운 무엇을 시도하기란 그리 쉽지 않다. 그럴 때 동료가 있으면 서로 의지하고 든든하다.

② 시간이 부족해졌을 때 이렇게 대처하자

이번에는 시간이 부족하지 않았지만 일반적으로는 정해진 시간을 초과하는 회의가 많다. 그럴 때 어떻게 대응하는 것이 좋을지 정리하는 것도 도움이 되겠다.

이론상으로는 회의 종료 10~15분 전에 남은 논의 상황을 확인해야 한다. 그리고 시간을 초과할 것 같으면 다음 항목 중 무엇을 선택해 논의할지 참가자에게 정하게 한다. '선택권을 주는' 것이 핵심이다.

a. 시간을 연장한다.

b. 어떻게든 속도를 올려서 시간 내에 마무리한다.

c. 다음 기회에 다시 논의한다.

d. 메일 등을 통해 직접 얼굴을 마주하지 않고 논의한다.

회의를 질질 끌면서 시간을 넘기는 것이 가장 나쁘다. 반드시 사전에 확인하고 참가자 전원이 대응 방법을 합의하자. 이렇게만 해도 회의를 무난하게 컨트롤할 수 있다.

③ 회의 참가자가 머리를 쓸 수 있는 질문을 한다

질문으로 능숙하게 이끌어가는 퍼실리테이터는 정말 근사하다. 회의 참가자의 사고를 전환시키거나, 새로운 견해를 유도하거나, 깔끔하게 결론을 이끌어내는 적확한 질문을 하면 논의가 몰라보게 진전된다.

짧은 시간에 그렇게 하기는 쉽지 않으니까 여기에 관용구처럼 써먹을 수 있는 질문을 몇 가지 적어보겠다. 머릿속에 넣어두면 언젠가 써먹을 날이 올 것이다.

"논의가 뒤죽박죽이라 갈피를 잡을 수가 없는데 이대로 계속할까요?"

"이 주제는 지금 논의하는 편이 나을까요?"

"무엇을 보충하면 이 논의에 결론이 나올까요?"

"방금 전 발언은 한마디로 정리하면 어떻게 될까요?"

"방금 전 얘기는 어떻게 쓰면 될까요?"

"어? 그렇다면 결론은 어떻게 되는 거죠?"

"죄송합니다. 잠시 흐름을 놓쳤는데, 논점이 뭔가요?"

참가자의 발언과는 생각이 조금 다른 시각에서 질문을 하면 효과적일 때가 많다.

④ 퍼실리테이터라고 해서 완벽할 필요는 없다

'퍼실리테이터는 늘 맞는 말을 해야 한다'라는 강박관념에 사로잡힌 사람이 많다. '진행 방식을 제안하면 거부당할지 몰라', '방금 한 말은 잘 이해가 가지 않지만 물어보면 바보라 여기지 않을까?'라고 걱정하는 사람도 있을 것이다.

하지만 퍼실리테이터의 역할과 본질은 전혀 다르다. 계속 틀려도 된다, 계속 부정당해도 된다, 그 결과 참가자가 더 빨리 이해하게 되어 논의가 올바른 방향으로 진전된다면 퍼실리테이터는 멋지게 역할을 해낸 것이다.

퍼실리테이터가 모르는 건 어차피 다른 사람도 정확하게 알지 못한다. 주눅 들지 말고 자꾸 묻고 제안해, 회의 참가자들이 의견을 활발하게 개진하고 올바른 결론에 이르도록 촉진하기 바란다.

그건 그렇고, 아오이가 스스로 퍼실리테이션을 하겠다고 나서다니 깜짝 놀랐다.

옛날부터 등을 떠밀지 않으면 한 걸음도 앞으로 나가지 않던 아이였는데. 야구치 씨에게 자극을 받은 것일까? 어쨌든 좋은 현상이다. 가타자와 같은 선배가 옆에서 응원해주다니 정말로 행운이다.

5장

준비하는
퍼실리테이션을
시작하다

●

⁝ 회의할 때 사전 준비가 중요한 이유

따사로운 햇살이 포근하게 느껴지는 일요일.

스즈카와의 집 거실에서는 여느 때와 달리 진기한 광경이 펼쳐졌다. 가타자와가 아오이와 나란히 의자에 앉아 있었던 것이다. 진지한 표정을 한 두 사람과 곤혹스러운 표정을 짓고 있는 아빠를 보면 마치 청혼 인사를 하러 온 분위기를 연상케 한다.

"정말 죄송합니다. 이렇게 댁까지 쳐들어와서⋯⋯."

가타자와는 미안한 표정을 지으며 몸 둘 바를 몰랐다.

(딸애에게 남자 친구를 소개받을 때 이런 느낌일까⋯⋯ 이거야, 원.) 아빠는 빙그레 웃으면서 머리를 긁적였다.

"정말 곤란한 부탁인데⋯⋯. 무료 봉사를 하기에는 내 연봉이 꽤나 높거든. 이거야, 원⋯⋯."

회사 생활을 시작한 딸을 돕겠다고 시작한 일이 점점 더 커지고 있는 모양새이다. 깊숙이 개입하는 것이 부담스러웠지만 아빠는 적극적 자세로 도와달라는 청년이 싫지는 않았다. 회사와 자신의 성장을 위해 배울 자세가 되어 있는 청년은 어쨌건 도와주고 싶다.

"사랑하는 딸이 곤란한 처지에 놓여 있을 때 도와주는 것이 아빠의 역할이죠."

딸의 당당한(?) 요구에 아빠는 두 사람에게 다짐받듯이 단호하게 말했다.

"아오이, 어리광 부리지 마. 죽을 각오로 배우지 않을 거면 가르쳐 주지 않을 거야."

"그야 당연하죠. 우리도 부서의 존망이 달려 있는 일이라고요!"

"쯧쯧."

아빠는 아오이를 슬쩍 흘겨보더니 본론에 들어갔다.

"어서 시작하지. 오늘의 종료 조건은 아마도 이거겠지."

늘 쓰는 노트에다 펜으로 쓰기 시작했다.

종료 조건

사전 준비의 중요성과 이론을 이해하고,
다음 회의의 준비를 완료한 상태.

의제(Agenda)

1. 사전 준비 해설(이론)
2. 다음 회의를 위한 사전 준비(실천)

"사전 준비, 즉 회의 준비의 중요성과 이론을 이해하고, 다음 회의를 위해 실제로 사전 준비를 해보자."

아오이와 가타자와가 아빠의 노트를 보면서 크게 고개를 끄덕였다.

"그러면 질문인데, 회의 준비라고 하면 뭐가 떠올라?"

아빠는 손가락 대신에 펜으로 아오이를 가리켰다.

"어떻게 생각해?"

"네, 일반적으로는 자료 준비, 인쇄, 자료철 만들기, 회의실 확보, 그리고 나서 참가자에 대한 통지를 하면 끝인가요?"

아오이가 손가락을 하나씩 접으면서 대답했다.

"그렇지. 일반적으로는 지금 지적한 것들이 회의 준비에 해당돼. 자료에 부족함이 없도록 한다든가, 페이지에 번호를 매겨 읽기 편하게 한다거나."

"중요한 회의라면 이러한 준비만으로도 할 일이 만만치가 않습니다. 특히 임원급 회의라면 준비도 더 공들여서 해야 하고요."

옆에서 지켜보던 가타자와가 한마디 거들었다.

"물론 당연하지. 그런데 실제로 사전 준비 전체를 놓고 보자면 자료 준비는 극히 일부에 불과해. 사전 준비에서 가장 중요한 요소는 '회의 진행 방식을 생각해놓는' 거야. 그런데 어찌 된 영문인지 회의를 하면서 이에 관해 전혀 신경을 쓰지 않는 곳이 대부분이야."

"요전에 점심을 먹으면서도 말씀하셨잖아요."

아오이가 확인하듯이 말했다.

"우리가 '사전 준비가 완료되었다'고 말할 수 있을 때는 '4개의 P'가 모두 갖추어진 상태야."

"4개의 P라니요?"

가타자와는 아오이가 진지한 얼굴로 아빠와 주고받는 말에 귀를 기울였다.

"그래. 첫 번째 P는 퍼포스(Purpose, 목적), 회의에서 무엇을 달성하고 싶은가? 즉, 종료 조건의 확인이지. 이미 알고 있는 대로 말이야."

두 사람 모두 크게 고개를 끄덕였다.

"두 번째 P는 프로세스(Process, 진행 방식). 종료 조건에 어떻게 도달할지, 어떤 순서로 무엇을 논의하면 좋을지 회의의 흐름을 생각하는 거야.

세 번째 P는 피플(People, 참가자)이야. 종료 조건에 도달하기 위해 필요한 인원을 빠짐없이 부르되, 도움이 안 되는 사람은 부르지 않아도 돼. 야구치 씨도 '불필요한 사람은 참여시키지 않는다'라고 말했을 거야."

(정말로 그래. 도움이 안 되는 사람을 회의에 부르다니 서로에게 불편할 뿐이야.)

아오이는 주례회의에 참가해 한 마디도 하지 않았던 수개월 전의 자신을 떠올리고 쓴웃음을 지었다.

"마지막으로 프로퍼티(Property, 장비)야. 회의실은 확보했는지, 화이트보드는 있는지, 프로젝터는 필요한지 확인하고, 경우에 따라서는 포스트잇이나 다과 등을 준비해놓기도 해야지. 자료를 정리해 자료철로 만드는 것은 아주 일부의 요소에 불과하단다."

야구치는 회의를 하며 컴퓨터 화면을 비추려고 프로젝터도 준비했다. 진행 방식을 사전에 생각해놨으니 그에 따른 장비도 수배할 수 있었겠지. 그런 생각을 하던 아오이의 마음속을 꿰뚫어 보기라도 한 듯이 아빠가 설명했다.

"4P가 전부 갖춰져야 비로소 준비가 되었다고 할 수 있어. 장비가 갖춰져도 진행 방식을 생각해놓지 않으면 안 돼. 목적이 분명해도 진행 방식을 생각해놓지 않았다면 준비 부족이라고 할 수밖에 없어. 이 4가지를 사전에 생각해놓아야 비로소 사전 준비가 되었다고 할 수 있지."

"하지만, 그러면 퍼실리테이터의 부담이 너무 크지 않을까요?"

가타자와가 의문을 표시했다.

"그렇지. 자네 말대로 시간을 너무 들여도 안 되겠지만, 제대로만 준비하면 회의가 막힘없이 진행돼. 예를 들어 이런 개념이야."

아빠는 노트에 세 가지 패턴을 쓰기 시작했다.

"전혀 준비가 되어 있지 않은 회의는 장황하게 늘어지는 회의가 될 수 있어. 사전 연습이나 준비 없이 일단 시작하고선 결과를 운에 맡기니 당연한 결과야. 반면에 치밀하게 준비해 결론까지 정해놓고 회의에서는 논의 없이 형식적으로 승인만 하는 경우도 있어. 양쪽 모두 일장일단이 있으니까 회사 차원에서 보다 효율적인 회의 진행의 중요성에 주목하는 거야."

"그러니까 퍼실리테이션 회의는 그 중간을 노리는 거군요."

아오이가 뭔가 중요한 사실을 깨달았다는 듯이 의기양양했다.

"맞아. 혼자 준비한 후에 모두 철저하게 논의해서 단시간에 납득할 수 있는 결론을 내는 게 회의의 목적이지. 여러 사람이 바쁜 시간을 쪼개서 참석하는데 당연히 시간과 비용을 효율적으로 써야겠지?"

사전 준비 없음 + 10명이서 4시간 회의 = 합계 40시간

→ 장황하게 길어지는 회의　✕

혼자서 준비 2시간 + 10명이서 2시간 회의 = 합계 22시간

→ 퍼실리테이션 회의　○

혼자서 준비 30시간 + 10명이서 1시간 회의 = 합계 40시간

→ 사전 준비형 회의　✕

확실히 아빠가 말한 대로이다. 아오이는 아무런 준비도 없이 나섰다가 이러지도 저러지도 못했던 지난 회의를 떠올렸다. '사전 준비 없이 장황하게 길어지는 회의'의 전형적인 모습이다. 적어도 진행 방식만이라도 사전에 생각해두었더라면, 그리고 화이트보드에 적어놓기만 했더라면 결과가 조금 달라졌을지 모른다.

"시중에 나와 있는 회의 관련 서적을 보면 '장비'에 관해서는 제법 나와 있는 것 같아요. 그러면서 '진행 방식'이나 '참가자'에 대해서는 다루지 않는 이유가 뭘까요?"

"아오이가 공부를 많이 했구나. '화이트보드를 준비하라'거나 '음료가 있으면 좋겠다'라는 문제는 간단히 해결할 수 있어. 하지만 '진행 방식'이나 '참가자'에 관해서는 방법을 한 가지로 설정하기가 어렵지. '진행 방식'은 상황에 따라 해답도 여러 가지이기 때문에 한 가지만 고집하기가 불가능해. 퍼실리테이터의 경험과 스킬만이 해결책이야."

아빠의 말에 아오이는 비명을 질렀다.

"네에? 그러면 경험도 스킬도 없는 우리는 사전 준비를 어떻게 하란 말이에요?"

"진정하라고. 하루아침에 배울 수는 없지만 좀 더 쉽게 접근할 수 있는 방법이 있으니까. 그중 하나가 바로 이거야. '사전 준비 시트'라고 해."

아빠가 A4 크기의 종이를 꺼냈다.

"8개의 질문으로 되어 있고, 그 질문을 하나씩 풀면서 회의를 사전

회의 사전 준비 시트

일시 _____ 회의명 _____

Purpose
① **종료 조건**(어떻게 되면 회의 종료라고 할 수 있을까?)

People
② **참가자**(종료 조건을 충족시키기 위해 필요한 참가자는 누구인가?)

③ **참가자의 상태**(참가자는 무엇을 알고 무엇을 모르는가?)

④ **참가자의 의문·불만**(무엇이 의문이고, 무엇이 불만인가?)

Process / Property

⑤ 의제(종료 조건이 되려면 무엇을 논의해야 할까?)	⑥ 논의의 진행 방식(구체적으로 어떻게 논의해나갈까?)	⑦ 필요한 것(무엇을 준비해놓을까?)	⑧ 시간 배분

준비하는 건데, 이게 아주 물건이야."

"뭔가 이상한데요……."

"이게 얼마나 유용한지 두고 보면 알 거야. 실제로 회의를 설계해 봐야 사용법에 익숙해질 테니, 다음 회의를 사전 준비해보자."

아빠는 아오이에게 사전 준비 시트를 건네주었다.

① 종료 조건은 무엇인가?

"그러면, 위에서부터 생각해보자. 처음에 써야 할 것은 ①번 종료 조건이야. 이건 이미 알고 있지?"

"어떻게 되어야 '오늘의 회의 종료!'라고 말할 수 있느냐는 말이 죠?"

"그래. 이번에는 어떻게 설정하면 좋을까?"

"'콜센터의 오퍼레이터를 늘리는 대책안이 나온 상태'일까요?"

아오이가 자신의 생각을 정리하며 말했다.

"지난번에도 거기에서 논의가 쳇바퀴 돌듯이 뱅뱅 돌았죠. 왠지 아닌 것 같은데……."

가타자와가 머리를 쥐어짰지만 대체안은 나오지 않았다.

"그러면 먼저 이 종료 조건을 바탕으로 생각해보자. 일단 앞으로 나아갔다가 아니라는 느낌이 들면 뒤로 돌아와서 다시 생각하면 돼."

아오이가 사전 준비 시트에 종료 조건을 적은 것을 보고 나서 아빠가 설명을 덧붙였다.

"이것이 모든 논의의 출발점이야. 종료 조건을 충족시키기 위해 필요한 참가자를 고르고, 종료 조건을 충족시키기 위해 필요한 프로세스를 구성하는 거야."

② 종료 조건을 충족시키기 위해 필요한 참가자는 누구인가?

"그러면 종료 조건을 충족시키기 위해 누구를 참여시켜야 하는지 생각해보자. 예를 들어 콜센터 오퍼레이터를 늘리는 대책에 관해 논의할 때, 채용 담당자가 없으면 제대로 된 대책이 나오지 않겠지? 회의를 제대로 하려면 누가 필요할까? 가령, A부서의 과제를 논의하는데 A부서 사람이 한 사람도 없는 경우가 있을 수 있겠지. 회의를 하다 보면 이런 경험을 많이 하게 돼. 그러면 서로 억측을 주고받다 결국에는 'A부서에 물어보지 않으면 안 되겠네'라는 결론이 나오게 되지. 그래서 A부서에 물어보면 5분 만에 끝나는 바람에 허탈해지지."

"왠지 찔리네요. 자주 있어요, 그런 일……."

가타자와가 쓴웃음을 지었다.

"반대로 사람을 너무 많이 부르는 회의도 많아. '혹시 의견을 들어야 할지도 모르니까', '일단 논의 결과를 알아두면 좋으니까'라는 이유를 내세워 회의 참가자 모집에 나서지. 이러면 혹시 몰라서 사람을 불러놓는 형식적인 회의가 되어버리고 말지. 그 결과, 회의에서 딴짓을 하는 사람이 느는 건 당연한 일이고. 종료 조건을 제대로 달성하려면 먼저 과하지도 부족하지도 않게 사람을 모아야 해."

가타자와는 회사에서 열리던 회의를 다시 생각해보았다. 확실히 회의를 실패로 이끄는 양쪽 패턴이 다 존재했다는 사실을 새삼 깨달았다. 돌발적으로 열리는 회의는 대개 전자. 계획적·정기적으로 열리는 회의는 후자에 해당되었다. 어느 쪽이든 회의를 치밀하게 설계하지 못했다는 뜻이리라. 이번 사례에서는 누가 필요할까?

"아까의 종료 조건에 비추어 생각해보면 콜센터를 관리하는 다우치 주임님, 니시다 팀장님, 콜센터 리더인가? 세 사람만 있으면 될 것 같은데……."

"아, 고다 주임님도 있는 게 낫지 않을까?"

"그런가…, 참석시켜야 할까……."

"잠깐!"

두 사람의 대화를 지켜보던 아빠가 끼어들었다.

"'있는 게 낫지 않을까?'라고 생각하면 대개의 경우, '없는 것보다 있는 게 낫지'라는 판단을 하게 된단다. '없는 게 낫지'라는 결론으로 마무리되는 경우는 좀처럼 없다고."

"듣고 보니 그러네요. 그러면 어떻게 해야 되나요?"

"거꾸로 생각해봐, 아오이. 이럴 때는 '없으면 곤란한 게 뭐지?'라는 방향으로 생각하는 편이 나아. 고다 씨가 없으면 뭐가 곤란하지?"

"그렇게 말하니까…, 전혀 곤란하지 않을 것 같아요. 콜센터 인원을 늘리는 대책이라면 세 사람만 있어도 충분해요. 평소에는 아무 생각 없이 주임님을 불렀는데, 회의 진행에 별로……."

"흠흠, 좋아. 그럼 다음으로 넘어가 볼까."

③ 참가자는 무엇을 알고 무엇을 모르는가?

"다음은 참가자의 상태를 생각해보자. 회의에 참가하는 사람이 아는 건 뭐고 모르는 건 뭘까?"

"글쎄요……. 호리이 상무가 화를 냈다는 건 다 알아요. 〈월간 IT프로페셔널〉에 우리 회사 콜센터에 대한 평가가 낮았다는 것도 알고요."

"응, 좋아. 다른 건 없을까?"

"평가가 왜 낮게 나왔는지는 몰라요."

"그렇구나. 그러면 회의 참가자들은 어떤 의견을 갖고 있을까?"

"'오퍼레이터 수는 부족하지 않다'라고 생각해요. '콜센터의 채용 사정도 나쁘지 않다'라고 말했고요."

이때, 아빠가 사전 준비 시트를 대충 들춰 보더니 말했다.

"좋아, 됐어. 거의 다 썼다."

회의 사전 준비 시트

일시   10월 4일   회의명   호리이 상무 대책 회의

Purpose
① **종료 조건**(어떻게 되면 회의 종료라고 할 수 있을까?)

> 콜센터 오퍼레이터를 늘리는 대책안이 나온 상태.

People
② **참가자**(종료 조건을 충족시키기 위해 필요한 참가자는 누구인가?)

> 다우치 주임, 니시다 팀장, 콜센터 리더

③ **참가자의 상태**(참가자는 무엇을 알고 무엇을 모르는가?)

> 호리이 상무가 화낸 것과 콜센터 평가가 낮은 것은 알고 있다.
> 평가가 낮은 원인은 모른다.
> 오퍼레이터 수는 부족하지 않다, 콜센터의 채용 사정은 나쁘지 않다고 생각한다.

④ **참가자의 의문·불만**(무엇이 의문이고, 무엇이 불만인가?)

>
>
>
>

Process / Property

⑤ 의제(종료 조건이 되려면 무엇을 논의해야 할까?)	⑥ 논의의 진행 방식(구체적으로 어떻게 논의해나갈까?)	⑦ 필요한 것(무엇을 준비해놓을까?)	⑧ 시간 배분

④ 참가자의 의문·불만은 무엇인가?

"그러면, 이제부터가 중요해…….."

아빠는 말을 중단하고 두 사람을 물끄러미 바라보다가 다시 입을 열었다.

"참가자가 이 회의에 오면 어떤 부분에서 의문과 불만을 가질까?"

잠시 침묵이 흐른 후에 가타자와가 힘겹게 대답했다..

"의문과 불만이라? 음, 글쎄요… 도저히 모르겠어요…….."

"가타자와 군, 감이 아주 좋은데!"

"네? 무슨 말씀인지?"

아오이가 두 사람의 얼굴을 번갈아 바라보았다.

"순서대로 생각해보자. ①번의 종료 조건에, 니시다 팀장이 ③번과 같은 상태라고 한다면 회의에 와서 어떤 점에 의문을 느낄까? 또 불만은 무엇일까?"

"그야 '만족도 조사 결과가 나쁘게 나왔다고 오퍼레이터 부족 탓으로 돌리지 마! 인원은 부족해도 고객을 기다리게 하는 일은 없었으니까!'라고 생각하겠죠."

"가타자와 군은 어때?"

"단순히 '고객은 콜센터의 어디에 불만을 느끼고 있을까?'라고 생각할 것 같습니다."

"그런가요?"

아오이가 머리를 감싸 쥐고 토해내듯이 말했다.

"이대로 회의를 했다가는 지난번과 똑같은 일이 벌어질 거예요. 아! 종료 조건을 제대로 설정하지 않았군요?"

"바로 그거야, 아오이!"

가타자와의 말에 아빠는 입가에 미소를 띄우며 설명을 이어갔다.

"④번까지 썼으면 일단 ① '종료 조건'으로 다시 돌아가서 생각해보면 돼. 참가자의 의문·불만을 고려했을 때, 과연 ①번은 설정이 적절한가? 아니, 이번 사례와는 맞지 않아. 그렇다면 대책안을 논의하기 전에 무엇이 만족도를 저하시켰는지에 대해 서로 공감대를 형성해야 해. 안 그러면 ②번으로 넘어갈 수 없어."

"그러면 '만족도 저하의 원인과 그렇게 된 이유가 명확해진 상태'라면 어떨까요? 과제 해결의 5단계에 비춰 보면 일단 3단계까지는 공감대를 형성할 수 있어요."

아오이가 사전 준비 시트에 종료 조건을 다시 썼다.

"왜 그렇게 서둘러? 아마 대책안까지 내놓기에는 시간이 부족할 테니 다음 회의로 미루는 편이 좋겠지. 게다가 종료 조건이 달라질 테니 ②, ③, ④번을 다시 생각해보지 않으면 안 돼."

"그러네요, 이 종료 조건이라면 고다 주임님이 없으면 곤란할 것 같아요. 요전번 회의에서도 '기술자가 잘못 대응하고 있는 건 아닐까?'라는 의견이 나왔으니까요. 기술자와 관련된 논의라면 고다 주임님이 참석해야 해요."

아오이의 말이 끝나자 가타자와가 크게 한숨을 쉬며 말을 이었다.

"휴, 그렇구나. 이 사전 준비 시트로 회의를 시뮬레이션하는 거군요."

"응. 바로 그거야. 어때? 이렇게 보니까 한 번의 회의로는 '구체적 해결 방안까지 찾아내기'는 무리일 것 같지? 회의를 두 번에 나눠 설계하는 것도 이렇게 시뮬레이션을 해봐야 가능한 거야."

"듣고 보니 그러네요."

"원래 참가자의 상태와 의문이 뭔지, 불만이 뭔지를 생각해보지 않고 회의를 제대로 설계한다는 것은 불가능한 일이지. 회의는 혼자서 하는 게 아니니까. 그 프로세스가 빠지면 독선적인 회의가 되고 말거든."

"많이 찔리는데요. 평소 회의에 대해 이렇게 제대로 된 고민과 생각을 해본 적이 없었어요. 듣고 보니 당연한 건데도 여태까지 적당히 해왔어요. 반성합니다."

가타자와는 머리를 긁적였다.

아빠는 여기까지 설명한 후, 한숨을 쉬면서 양어깨를 앞뒤로 흔들었다.

"잠깐 쉬었다 하자. 같이 커피라도 한잔할까?"

"아, 커피는 내가 준비할게요."

부엌에서 일을 하던 엄마가 말했다.

"앗, 고마워."

일어서던 아빠가 다시 의자에 앉았다.

"그러고 보니 오늘 스케줄이 있었는데 잊어버렸지요?"

엄마는 커피포트를 불에 올려놓고 곁눈질로 아빠를 바라보았다.

"어!? 오늘 스케줄이 있었어……?"

아빠는 아무래도 특강(?)에 집중하느라 완전히 잊어버린 모양이다.

"갑자기 쳐들어오는 바람에 죄송합니다. 다 제 탓입니다."

"가타자와 씨 잘못이 아니야. 스케줄을 잊어버린 사람이 잘못이지."

원두가 갈리며 좋은 향이 났다.

"스케줄은 제가 알아서 취소했어요. 당신, 나 없으면 어떻게 살려고 그래요?"

"뭐, 괜찮잖아……. 당신이 옆에 있으니까."

어색해하는 아빠를 보고 가타자와는 빙그레 웃었다.

엄마가 뽑은 커피를 마시면서 아빠의 심한 건망증에 관해 이야기 꽃을 피웠다. 지금까지 명망 있는 컨설턴트의 식견과 지식을 자랑하던 아빠도 엄마 앞에서는 체면이 말이 아니었다.

"자, 휴식은 이 정도로 하고 다음 단계로 가볼까."

아빠는 그 자리가 불편했는지 커피도 마시는 둥 마는 둥 하며 가타자와와 아오이를 채근했다.

⑤ 의제를 어떻게 설정하는가?

"다음은 드디어 논의의 흐름을 설계하는 단계야. 무엇을 어떤 순서로 논의해야 종료 조건에 이를 수 있을지, 그리고 목표 지점에서 역산한 뒤 생각해도 좋아. 사전 준비 시트에서는 이 부분이야."

사전 준비 시트의 '⑤ 의제'라고 쓴 부분을 손가락으로 가리키면서 아빠가 말했다.

회의 사전 준비 시트

일시   10월 4일   회의명   호리이 상무 대책 회의

Purpose

① **종료 조건**(어떻게 되면 회의 종료라고 할 수 있을까?)

> ~~콜센터의 오퍼레이터를 늘리는 대책안이 나온 상태.~~
> 만족도 저하의 원인과 그렇게 된 이유가 명확하게 밝혀진 상태.

People

② **참가자**(종료 조건을 충족시키기 위해 필요한 참가자는 누구인가?)

> 다우치 주임, 니시다 팀장, 콜센터 리더, 고다 주임

③ **참가자의 상태**(참가자는 무엇을 알고 무엇을 모르는가?)

> 호리이 상무가 화낸 것과 콜센터 평가가 낮은 것은 알고 있다.
> 평가가 낮은 원인은 모른다.
> 오퍼레이터 수는 부족하지 않고 콜센터의 채용 사정은 나쁘지 않다고 생각한다.

④ **참가자의 의문·불만**(무엇이 의문이고, 무엇이 불만인가?)

> 만족도가 낮은 것은 오퍼레이터 탓이 아니다.
> 인원은 부족하지만 빈틈없이 대응하고 있다.
> 고객은 콜센터의 어느 부분에 불만이 있는 것일까?

Process / Property

⑤ 의제(종료 조건이 되려면 무엇을 논의해야 할까?)	⑥ 논의의 진행 방식(구체적으로 어떻게 논의해나갈까?)	⑦ 필요한 것(무엇을 준비해놓을까?)	⑧ 시간 배분

"의제는 어젠다라고도 해. 프로세스 설계는 의제를 상정하고, 회의 전체의 흐름을 만드는 게 기본이지."

여기까지 설명하자 아빠는 종이 한 장을 더 꺼냈다.

"아무것도 없는 상태에서 갑자기 회의 프로세스를 생각해보라고 하면 힘들어. 내가 회의의 표준 프로세스를 보여줄게. 프로세스는 대체로 회의의 목적에 따라 정해지거든."

아오이와 가타자와가 머리를 맞대고 종이를 들여다보았다.

"와, 이런 차트가 있었군요."

회의 목적별 프로세스 차트

종류 \ Step	도입	Step 1	Step 2	Step 3
A. 보고	종료 조건과 진행 방식 확인	보고	질의응답	
B. 정보 수집	종료 조건과 진행 방식 확인	배경 설명	필요한 정보의 골격 제시	의견 청취
C. 승인	종료 조건과 진행 방식 확인	승인 의뢰 사항 명시	승인 사항 설명	질의응답
D. 방침 검토	종료 조건과 진행 방식 확인	배경 설명	선택지 규명	정리하기 기준 합의
E. 과제 해결	종료 조건과 진행 방식 확인	현상 확인	문제점 확인	원인 분석

Step 4	Step 5	Step 6	정리
			결정 사항 확인
			결정 사항 확인
승인 판단			결정 사항 확인
평가·취사선택			결정 사항 확인
해결책 규명	정리하기 기준 합의	평가·취사선택	결정 사항 확인

"회의의 목적마다 논의해야 할 내용이 달라. 최대 6단계까지 있어."

"'도입'과 '정리'는 전부 동일하군요. 퍼실리테이션 중 확인하는 부분에 해당하죠?"

"응. '도입'에서는 종료 조건과 논의의 진행 방식, 시간 배분을 확인해. '정리'에서는 정해진 안건과 해야 할 일을 확인하고. 전부 다 확인하는 퍼실리테이션에서 배웠던 부분이야."

차트를 펜으로 가리키면서 아빠가 설명했다.

"이야, 왠지 유용할 것 같아요."

"그렇지? 이걸 보면, 패턴 A의 '보고'는 단계가 가장 적어. 즉 프로세스로서는 단순하지. 보고하고 질의응답만 하면 되니까. 한편 패턴 E '과제 해결'은 단계가 가장 많아. 과제 해결을 논의하는 회의가 어려운 이유인지도 몰라."

"이번에는 과제 해결형 회의니까 패턴 E가 기본이 될까요?"

가타자와가 차트를 가리켰다.

"그게 좋겠지. 단계 1 '현상 확인'에서는 무슨 일이 일어났는지 확인해야지. 이번 사례를 적용해서 말해보자면 '콜센터가 어떤 상태에 있는지 확인하는' 거야. 단계 2 '문제점 확인'은 구체적으로 어떤 문제가 있는지 확인하는 거고. 다만, 이번에는 '고객만족도가 낮다'는 게 문제임을 알고 있으니, 이 단계는 필요 없을지도 몰라."

"네, 그러면 이런 느낌일까요?"

아오이는 사전 준비 시트에 적었다.

회의 사전 준비 시트

일시   10월 4일   회의명   호리이 상무 대책 회의

Purpose

① 종료 조건(어떻게 되면 회의 종료라고 할 수 있을까?)

> 콜센터의 오퍼레이터를 늘리는 대책안이 나온 상태.
> 만족도 저하의 원인과 그렇게 된 이유가 명확하게 밝혀진 상태.

People

② 참가자(종료 조건을 충족시키기 위해 필요한 참가자는 누구인가?)

> 다우치 주임, 니시다 팀장, 콜센터 리더, 고다 주임

③ 참가자의 상태(참가자는 무엇을 알고 무엇을 모르는가?)

> 호리이 상무가 화낸 것과 콜센터 평가가 낮은 것은 알고 있다.
> 평가가 낮은 원인은 모른다.
> 오퍼레이터 수는 부족하지 않고 콜센터의 채용 사정은 나쁘지 않다고 생각한다.

④ 참가자의 의문·불만(무엇이 의문이고, 무엇이 불만인가?)

> 만족도가 낮은 것은 오퍼레이터 탓이 아니다.
> 인원은 부족하지만 빈틈없이 대응하고 있다.
> 고객은 콜센터의 어느 부분에 불만이 있는 것일까?

Process / Property

⑤ 의제(종료 조건이 되려면 무엇을 논의해야 할까?)	⑥ 논의의 진행 방식(구체적으로 어떻게 논의해나갈까?)	⑦ 필요한 것(무엇을 준비해놓을까?)	⑧ 시간 배분
도입			
무엇이 고객만족도를 낮추었는지 사실을 확인한다.			
원인을 파헤친다.			
정리			

의제 1 도입 : 종료 조건과 진행 방식을 확인한다.

의제 2 사실 확인 : 무엇이 만족도를 떨어트리는 주요 원인인지 사실을 확인한다.

의제 3 원인 규명 : 왜 그런 일이 일어났는지 원인을 파헤친다.

의제 4 정리 : 결정 사항을 확인한다.

아빠는 "아오이가 이제 제법인데?" 하고 눈을 가늘게 떴다.

⑥ 논의의 구체적인 진행 방식은?

"이걸로 회의의 골격이 드러났어. 다음은 '논의의 구체적 진행 방식'에 대해 알아볼 거야. 여기서는 ⑤번에서 나온 의제 하나하나에 대해 구체적으로 무엇을 어떻게 논의할지 생각해봐야 해. '사실을 확인한다'라는 의제 하나에도 접근하는 방식은 무수히 많으니까.

한번 예를 들어보자고. 관계자를 불러서 사실을 확인할까? 자료를 미리 읽어오라고 할까? 자료를 배포하는 대신 프로젝터로 화면을 띄워서 포인트만 설명할까?

여기서 어떻게 하느냐가 가장 중요한데도, 대부분 의제만 설정해놓고 다 끝난 것처럼 행동해서 회의를 망친단 말이야."

목소리 톤이 올라가는 아빠를 아오이가 가로막았다.

"그 얘기는 나중에 천천히 해요. 그러면 진행 방식에 관해서인데, 의제 1과 의제 4는 확인만 하면 되는군요."

"오오, 바로 그 말이야. 그러니 여기서는 진행 방식에 대해 깊이 파고들 필요가 없어. 그러면 의제 3은 어떻게 진행하면 좋을까?"

아빠는 아오이와 가타자와의 얼굴을 가만히 바라보았다.

"'논의에 필요한 정보는 무엇인가?', '그것을 토대로 어떻게 논의하면 좋을까?'를 생각해보면 돼."

아빠는 힌트만 주고 답은 말해주지 않았다. 어디까지나 두 사람이 스스로 생각해야 한다는 입장인 모양이다.

"필요한 정보라……."

가타자와는 관자놀이에 손을 대고 머리를 굴렸다.

"고객만족도 조사에서 콜센터에 대한 평가가 낮은 이유에 대해서군요. 기사에는 거기까지 자세히 나와 있지 않았지만, 조사 대상이 우리 회사의 고객이니 영업부가 이미 설문 결과를 구했을지도 몰라요. 그 정보를 얻어서 공유하면 좋겠지요. 이게 의제 2에 해당하는지도 모르겠지만."

"좋아. 그 외에는?"

이번에는 가타자와와 같은 자세로 앉아 있던 아오이가 입을 열었다.

"어, 그러니까 콜센터 운영의 실태도 파악해야 한다고 생각해요. 채용 상황이나 인원 부족 상황, 고객의 클레임 등등……."

"그렇지. 실태를 알지 못하면 억측을 바탕으로 논의하게 되니까."

가타자와가 말했다.

"이거…, 사전에 조사해두는 편이 나을지도 모르겠네요."

"바로 그거야!"

잠자코 듣고 있던 아빠가 손가락으로 시트를 가리키며 소리쳤다.

"네 말대로 이렇게 적어보면 모두가 해야 할 일이 무엇인지, 사전에 뭘 준비하고 대비하면 좋은지 보이겠지? 장황하게 길어지는 회의는 대개 이 부분이 준비가 안 되어 있어. 가령 확실한 이유를 모르니까 논의해봤자 소용없는데도, 호리이 상무가 격노한 경위에 대해 모두가 모여서 억측하기 시작해. 그 결과, 호리이 상무에게 확인하자는 결론이 나오게 될 게 뻔하잖아. 그럴 거면 회의하기 전에 물어보라고! 내가 말했지? 이런 생각이 부족하니까, 아니 아예 생각하려고도 하지 않으니까 회의가 장황하게 길어지는 거야!!"

아빠가 쉬지 않고 말을 쏟아냈다. 가타자와는 기세등등한 아빠의 분위기에 압도되었다.

"스즈카와 선생님…, 알겠습니다. 충분히 이해했어요."

"아아, 미안, 나도 모르게 그만……. 정보가 이 정도 모이면 의제 2의 '사실 확인'은 할 수 있을 거야. 의제 3의 '원인 규명'은 이 정보를 바탕으로 의견을 수렴하는 형태면 좋지 않을까?"

이제 회의의 진행 방식 부분도 제대로 형태가 갖추어졌다.

⑦ 회의에 필요한 것을 준비한다

"다음은 논의를 앞두고 사전에 무엇을 준비해두면 좋은지 생각하는 단계야. 방금 전에 두 사람이 말한 '고객 의견 청취 결과'와 '콜센터 운영 실태'도 미리 준비해두면 좋으니까 그대로 적으면 돼."

"네. 그 외에는 프로젝터와 화이트보드도 준비해야겠죠."

"좋아. '⑥ 논의의 진행 방식'을 보면 무엇이 필요한지 저절로 보일 거야. 프로젝터와 회의실은 물론 논의에 필요한 정보를 준비하는 것도 아주 중요해."

사전 준비 시트가 채워지면서 회의의 모습이 점점 더 머릿속에 선명하게 그려졌다. 정말로 잘 만들어진 시트라고 가타자와는 생각했다.

⑧ 시간 배분을 결정한다

"마지막으로 시간 배분을 생각한다. 이건 따로 설명할 필요 없겠지?"

아오이가 시간 배분을 사전 준비 시트에 적었다.

"잠깐만요. 이 정도면 될까요?"

회의 사전 준비 시트

일시	10월 4일	회의명	호리이 상무 대책 회의

Purpose

① **종료 조건**(어떻게 되면 회의 종료라고 할 수 있을까?)

> 콜센터의 오퍼레이터를 늘리는 대책안이 나온 상태.
> 만족도 저하의 원인과 그렇게 된 이유가 명확하게 밝혀진 상태.

People

② **참가자**(종료 조건을 충족시키기 위해 필요한 참가자는 누구인가?)

> 다우치 주임, 니시다 팀장, 콜센터 리더, 고다 주임

③ **참가자의 상태**(참가자는 무엇을 알고 무엇을 모르는가?)

> 호리이 상무가 화낸 것과 콜센터 평가가 낮은 것은 알고 있다.
> 평가가 낮은 원인은 모른다.
> 오퍼레이터 수는 부족하지 않고 콜센터의 채용 사정은 나쁘지 않다고 생각한다.

④ **참가자의 의문·불만**(무엇이 의문이고, 무엇이 불만인가?)

> 만족도가 낮은 것은 오퍼레이터 탓이 아니다.
> 인원은 부족하지만 빈틈없이 대응하고 있다.
> 고객은 콜센터의 어느 부분에 불만이 있는 것일까?

Process / Property

⑤ 의제(종료 조건이 되려면 무엇을 논의해야 할까?)	⑥ 논의의 진행 방식(구체적으로 어떻게 논의해나 갈까?)	⑦ 필요한 것(무엇을 준비해놓을까?)	⑧ 시간 배분
도입	• 종료상태와 진행 방식을 확인한다.	• 프로젝터 • 화이트보드 • 소회의실	5
무엇이 고객만족도를 낮추었는지 사실을 확인한다.	• 고객을 대상으로 한 의견 청취 결과를 공유한다. 종이로 된 자료를 배포한다. 만족도에 영향을 미칠 법한 부분만 설명을 더한다. • 콜센터 운영 상황을 공유한다. 니시다가 자료를 정리하고 프로젝터로 화면에 비추어 공유한다. • 위의 내용을 바탕으로 만족도 저하의 요인을 뽑아낸다.	• 영업부의 고객 의견 청취 결과 → 문의해 자료를 입수한다. • 콜센터 실태 → 니시다 팀장에게 실태를 정리해달라고 의뢰한다.	40
원인을 파헤친다.	• 원인이라 생각되는 것을 찾아낸다. • 열거된 원인 중에 가장 영향이 큰 것을 특별히 지정한다.		40
정리	• 결정 사항을 확인한다.		5

이렇게 해서 사전 준비 시트가 완성되었다.

"완성됐어요. 다음은 이걸 토대로 회의를 진행하면 되는군요!"

아오이는 뛸듯이 기뻐했다. 가타자와도 후련한 표정이었다.

"영업부에서는 사전에 의견을 청취하지 않으면 안 돼요. 그러니 의견 청취와 정보 수집은 필요하겠지만 회의하기 전에 알고 있으면 훨씬 도움이 되죠. 사전 준비란 바로 이런 거군요."

"두 사람 다 놀랍도록 이해가 빨라 기분이 정말 좋은데."

아빠도 만족스러워 보였다.

"이 회의가 마무리되면 곧바로 다음 대책을 내고 정리하는 회의를 해야 해. 똑같이 사전 준비 시트로 준비하면 되겠지. 고객만족도가 떨어진 원인이 밝혀지면 회의를 설계하기가 좀 더 수월해질 거야."

"네. 어떻게든 제대로 해보겠어요!"

아오이는 힘차게 고개를 끄덕였다. 확인으로 시작해 사전 준비를 배우면서 일련의 단계를 거치는 동안 퍼실리테이션에 대한 이해가 단숨에 깊어진 듯했다.

"수고했어. 잘 마무리된 것 같아 다행이야."

엄마가 다시 커피와 과자를 내왔다.

"드디어 해냈다! 진짜 힘들었는데 최고의 타이밍이야."

두 사람은 몹시 피곤했는지 과자를 잽싸게 집어 들었다. 피곤한 뇌를 회복하는 데는 과자가 최고이다. 엄마도 양과자를 집어 먹으면서 가타자와를 찬찬히 살펴보았다.

"그건 그렇고, 아오이는 운이 좋구나. 가타자와 씨처럼 듬직한 선배가 있어서 일하기 편하지?"

"그러고 보니 선배가 요즘 굉장히 믿음직스러워요. 전에는 좀 적당히 일하는 느낌이었는데……."

모녀의 눈길이 일제히 자신을 향하자 가타자와는 머리를 긁적였다.

"어, 그런가? 나는 지금도 적당히 일하고 있는데."

가타자와는 원래부터 회사 내에서 머리 회전이 빠르고 업무 처리가 능숙하다는 평가를 받았다. 그래서인지 적당히 일해도 다른 사원들보다 일을 잘한다는 자부심(?)을 가지고 있었다. 가타자와로서는 주변 사람들보다 조금 더 잘하면 된다는 생각에 필요 이상의 노력은 하지 않았던 셈이다.

"그런데…, 아오이가 퍼실리테이션하는 모습을 보고 이거 굉장히 좋은 것 같다, 나도 공부해보고 싶다는 생각이 들었습니다. 실은 한 번 불이 붙으면 끝장을 보는 타입입니다. 이런 게 제 본래 모습인지도 몰라요. 어쨌건 오늘도 굉장히 즐거웠습니다."

가타자와가 아빠에게 고개를 숙이며 인사했다. 회사에서 건성으로 일하던 모습과 전혀 다르다.

"어머, 점점 더 마음에 드네. 우리 아오이 어때요?"

엄마가 갑자기 터무니없는 말을 꺼내는 바람에 다들 깜짝 놀라는 표정을 지었다.

"자, 잠깐!"

아빠와 아오이가 동시에 소리를 질렀다.

아빠의 일기 6

이걸로 퍼실리테이션의 기초 지식은 대충 가르쳤다. 실전을 통해 회의 사전 준비를 가르치기를 잘했다고 생각한다. 역시 실전을 이기는 공부는 없다. 이 정도면 회사 회의도 성공할 거야. 여기까지 왔으니 최선을 다했으면 좋겠다. 늘 그래왔듯이 빠뜨린 말을 메모해두어야겠다.

① 왜 사전 준비를 마지막에 알려주었나?

아오이는 의문을 얘기하지 않았지만 사전 준비는 회의를 할 때 가장 중요한 부분이다. 회의의 성패가 갈린다 해도 과언이 아니다. 그럼에도 왜 지금까지 알려주지 않았을까?

아오이와 같은 젊은 사원에게 대부분의 회의는 참가할 뿐, 스스로 준비하는 자리가 아니다. 가타자와 정도의 경력사원조차도 상사가 주관하는 회의에 참석해 겨우 자신의 업무에 대해 발언하는 정도에 그칠 뿐이다. 요컨대 회의를 직접 설계하고 진행할 기회가 극히 드문 것이다.

주최자가 아니라 단순 참가자로서 그 회의를 만족스러운 상태로 만들고 싶으면 사전 준비보다 숨은 퍼실리테이터로서 확인하고 필기하는 편이 훨씬 효과적이다.

또 다른 이유로 '회의를 주최하는 사람이 모든 걸 결정한다'라는 선입관도 떨어내기를 바랐다. 참가하는 모든 사람에게 회의를 제대로 준비하고 진행하고 마무리할 책임이 있다. 그래서 회의 참가자 모두에게 조금이라도 생산성을 높이는 회의로 만들 책임이 있다는 생각 때문에 사전 준비를 마지막에 알려주기로 한 것이다.

② 사전 준비 시트는 제삼자에게 보여주어라

사전 준비 시트의 효과 중 알려주지 않은 중대한 포인트 두 가지가 있다.
하나는 머리로만 생각하지 말고 글로 써보라는 것이다. 글로 써보면 머릿
속이 정리되고, 회의에서 다룰 주제도 보다 명확해진다. 직접 써보면 무엇
이 불확실한 상태인지 확실하게 보이기 때문이다.

또 하나는 사전 준비 시트에 쓴 것을 제삼자에게 보여주라는 것이다. 다른
사람이 보면 의문이나 아이디어도 다른 관점에서 생각해낼 수 있다. 이것
이 회의를 구성하는 힌트가 되고, 결론의 실마리가 생겨나기도 한다. 혼자
서 준비할 때보다 질적으로 훨씬 나아질 것이다.

③ 필요 없는 참가자는 부정적 영향을 미친다

회의에 필요하지 않은 참가자가 참석하는 단점에 관해 언급해두고 싶다.
"회의에 필요하지 않은 참가자가 참석하면 그 사람만 할 일이 없을 뿐이
지, 회의 자체에는 영향이 없지 않을까? 사람을 많이 부를수록 회의가 더
안정감 있게 진행되지 않을까?"

이런 질문을 받은 적이 있는데 결코 그렇지 않다.

회의에 참가하는 사람은 회의 과정이나 결과에 어떻게든 영향을 미친다.
회의 중 딴짓을 하는 사람이나, 왜 회의를 하는지 모르는 사람, 의무감으
로 주제와 무관한 발언을 하는 사람은 회의 자체에 부정적 영향을 미친다.
의욕이 없는 사람이 있으면 회의의 전체 분위기가 나빠진다.

회의에 필요 없는 사람은 부르지 말아야 한다.

④ 매번 작성하기에는 손이 많이 간다?

두 사람은 말하지 않았지만, "손이 많이 가서 회의할 때마다 사전 준비 시트를 만들기 어렵다"라는 말을 주변에서 자주 듣는다.

이런 사소한 수고를 아끼니까 회의가 장황하게 늘어지는 것이다. 매번 빠짐없이 해야 한다는 사실을 강조하고 싶다.

뭐, 백보 양보해서 익숙해지면 시트에는 적지 않아도 된다. 단, 사전 준비 시트의 8가지 요소는 어떤 형태로든 기억해둘 필요가 있다. 머릿속으로 해도 좋고 노트에 필기해두어도 좋다. 단, 아무것도 생각해놓지 않은 채 회의에 들어가서는 절대로 안 된다. 그러면 결론을 내지 못하는 장황한 회의가 될 가능성이 높다.

이것만 알려주면 회의 퍼실리테이션에 관해서는 더 이상 가르칠 게 없다.

나머지는 아오이가 실전에서 경험을 쌓으며 노력하는 수밖에 없다.

그건 그렇고…, 가타자와는 아오이와 어떤 관계일까? 내가 보기에는 믿음직한 청년인데 좀 더 지켜봐야지.

퍼실리테이터로 회의를 진행하다

그리고 회의 당일.

"할 수 있는 건 다 했으니…, 괜찮겠죠?"

회의실로 향하는 도중에 아오이는 불안한 얼굴로 나지막이 속삭였다.

가타자와는 영업부서와 담판을 짓고 그들이 갖고 있던 정보를 입수했다. 가타자와가 예상한 대로, 영업부서는 고객의 의견을 청취하고 있었다. 니시다에게 의뢰해 현재 콜센터의 상황도 정리해서 받았다. 다우치와 고다에게도 회의에 참석해달라고 미리 요청하고, 회의실과 화이트보드도 확보했다. 이걸로 네 개의 P는 전부 갖추었다.

하지만 아오이의 불안은 수그러들지 않았다. 지난번에 무참히 실패한 터라 당연했다.

"괜찮아! 그렇게 불안한 얼굴 하지 마. 빈틈없이 준비했잖아."

가타자와는 아오이를 고무하며 회의실에 들어갔다. 선수들은 이미자리에 앉아 있었다.

고다는 회의실에 들어온 두 사람을 지그시 보다가 낮은 목소리로 말했다.

"오늘 회의는 괜찮겠어? 또 장황하게 늘어지는 거 아냐?"

"이번에는 괜찮을 겁니다……."

아오이가 고개를 숙이며 대답했다.

"그래?"

고다가 대답 대신 콧방귀를 뀌었다. 회의실은 평소보다 무거운 공기가 감돌았다. 아오이가 긴장을 떨어내듯이 회의 시작의 신호탄을 쏘았다.

"다우치 주임님, 시간이 되었으니 시작할까요?"

개시하기가 무섭게 아오이가 종료 조건을 제안했다.

"오늘의 종료 조건은 '고객만족도 저하의 원인과 그렇게 된 이유가 명확해진 상태'로 하면 어떨까요?"

일찌감치 고다가 딴죽을 걸었다.

"오늘은 원인만 특정하겠다고? 그럼 구체적 해결 방안은 언제 마련하려고?"

가타자와가 지원에 나섰다.

"거기까지 하고 싶은 마음은 굴뚝같지만, 만족도가 낮은 원인을 결정하지 못하면 회의가 앞으로 나아가기가 어렵습니다. 지난번에도 여기서 의견이 중구난방으로 부딪혔으니까요. 이거, 시간이 꽤 걸릴 것 같습니다."

사전에 진행 방식을 생각해놓은 덕분에 왜 이렇게 진행하는지를 바로 설명할 수 있었다. 이것도 사전 준비의 효용인지 모른다.

고다는 다시 한번 "흥!" 하고 콧방귀를 뀌었다. 가타자와의 설명으로 납득은 한 모양이다. 그 광경을 지켜본 아오이가 바로 본론으로 들어갔다.

"그러면 서둘러 첫 번째 의제에 들어가겠습니다. 고객에 대한 의견 청취 결과를 먼저 공유하려고 합니다. 실은 영업부서가 이번 건에 관해 고객의 의견을 청취했습니다. 저희가 그 정보를 받아 왔어요. 가타자와 선배, 공유해도 된다는 허락을 받았나요?"

"응. 현시점에서는 대기업 고객 5~6개사를 대상으로 실시한 정도에 불과하지만, 전화 응대에 관한 평가는 결코 나쁘지 않았습니다. 전화를 기다리게 한 적도 거의 없었던 것 같고요."

"뭐야, 내가 말한 대로잖아! 다행이야."

니시다가 안도하는 표정을 지었다.

"그런 모양이더군요. 오퍼레이터의 대응도 거의가 높은 평가를 받았습니다. 반면에 기술 직원의 대응은 평가가 약간 낮았습니다. 기술과 관련된 전문 지식이 필요한 경우 기술 직원이 대응하는데 그때의 대응이 좀 미숙했던 모양이에요. '고객의 눈높이에 맞추지 않고 기술적으로 너무 어렵게 설명한다', '말을 웅얼거려서 전화로 내용을 알아듣기 힘들다'라는 의견이 나왔다고 합니다."

기술팀을 이끄는 고다의 표정이 진지해졌다.

"그건 전부터 어느 정도 문제라고 생각했어……."

"고객의 전화를 받는 훈련은 하지 않나요? 오퍼레이터는 해마다 정기적으로 실시하고 있는데요."

니시다가 추궁하듯이 말했다.

"기술자가 싫어해서 말이야. '우리는 기술로 승부한다'라는 식의 이상한 고집들이 있어가지고 말이야. 하지만 그렇게 말할 수 없는 상황이 확실하다면야 개선해야지."

"과연, 원인은 비교적 간단하군요. 하지만 그만큼 해결책은 어려울지도 몰라요……."

가타자와는 고다를 향해 고개를 돌리고 이야기를 계속했다.

"국내는 이런 느낌입니다. 한편, 해외 콜센터는 양상이 좀 다릅니다. 고객이 해외에 공장이나 영업 거점 등의 사무소를 두면 당연히 네트워크도 IT 시스템도 필요해지겠죠. 우리는 현지 콜센터 업자에게 그걸 제공하고 그 대신 업무를 위탁하고 문의와 고장 대응 요청을 받습니다. 그런데 고객사 내부에서 대응이 별로 좋지 않다는 의견이 나오는 모양이에요."

니시다가 놀라서 말했다.

"뭐야, 거기까지는 미처 예상하지 못했어. 현지 콜센터 업자에게는 대응 매뉴얼을 제공하고 있지만 서비스 추가와 변경에 따르는 매뉴얼 개정에 관해서는 일일이 간섭하지 않아. 현지 업자가 독자적으로 대응한다고 말했거든."

"음. 현지 대응 상황을 한번 조사해봐야 할 것 같네."

다우치는 팔짱을 꼈다.

"해야 할 일로 적어두겠습니다."

아오이가 지체 없이 필기했다.

종료 조건

고객만족도 저하의 원인과 그렇게 된 이유가 명확하게 밝혀진 상태.

의제

1. 종료 조건과 진행 방식을 확인한다.　　　5분
2. 만족도 저하의 사실 확인　　　　　　　40분
    ● 고객 의견 청취 결과
    ● 콜센터 상황 확인
    ● 요인 특정

3. 원인 규명　　　　　　　　　　　　40분
4. 정리　　　　　　　　　　　　　　5분

〔 의견 청취 결과 공유 〕
    ● 대기업 5~6개사
    ● 전화 서포트 ◯
    ● 오퍼레이터 대응 ◯
    ● 기술 직원 대응 ✕
    질문 **훈련하지 않았나?**
        • 기술자들이 훈련받기 싫어한다.

    ● 해외 콜센터 대응 ✕
        • 대응 매뉴얼 제공
        • 매뉴얼 개정은 현지에 맡김
    결론 **현지 상황을 조사한다.** → 다우치

가타자와가 니시다에게 요청했다.

"다음은 콜센터의 실태를 설명해주시겠습니까?"

"응, 조사해왔어."

니시다는 자료를 꺼내 모두에게 나눠주었다. 최근 10년간 콜센터의 인원 추이, 센터에 걸려온 전화 통화 수, 실제 전화받은 비율, 문의 내용 분류, 그리고 클레임 상황 등을 한눈에 알 수 있었다.

"오, 이렇게 빈틈없이 조사해 오다니, 대단한데!"

고다가 놀란 목소리로 말했다.

"뭐야, 당연하지. 콜센터가 없어질지도 모르는 위기 상황인데!"

그렇게 말하는 니시다의 얼굴은 약간 지쳐 보였다. 회의를 준비하느라 수면이 부족한지도 모른다.

"니시다 팀장님……, 자료를 훑어볼 시간을 드릴까요?"

자료에는 고객 의견 청취 결과를 뒷받침하는 데이터가 기재되어 있었다. 오퍼레이터 한 사람이 받는 통화량은 매년 증가하고 있으나, 전화 건 고객이 기다리지 않게 대응하고 있음을 보여주었다. 문의 내용은 IT 시스템의 고도화에 따라 더욱 다양해지는 추세였다. 자료를 다 읽자 여기저기서 의견이 쏟아졌다.

"과연, 오퍼레이터의 능력이 향상되면서 고객을 기다리게 하지 않는구나. 인원 부족으로 대응에 소홀하거나 하지는 않은 모양이네."

"바꿔 말하면 오퍼레이터의 부담이 늘었다는 말이잖아. 정말로 대응에 소홀해지지 않았어?"

"……이 수치는 어디에서 구한 거야? 내가 평소 느낀 것과 약간 다른데.”

“아, 아오이. 다우치 주임님의 지금 발언은 중요한 질문이니 적어둬.”

“아아, 네! 수치에 대한 내용이군요.”

“어이, 스즈카와, 내가 언제 그렇게 말했어? 제대로 쓰라고.”

“어, 주임님은 말이 너무 빨라요. 어떻게 정리하면 좋을까요?”

다소 혼란은 있었지만 그럭저럭 논의가 진행되었다. 의견이 활발하게 나왔으나 질문을 빠짐없이 필기해 논의의 흐름을 눈에 보이게 만들었다. 그래서 논의가 이리저리 우왕좌왕하지 않고 일정한 방향으로 향하는 느낌이 들었다. 지난번보다 훨씬 순조로웠다.

아오이가 앞에서 진행을 했지만 가타자와가 숨은 퍼실리테이터로서 활약한 덕분에 흐름이 잘 만들어졌다. 두 사람이 함께 퍼실리테이션을 배워서 역할 분담을 한 게 효과가 있었다.

아오이가 그런 생각을 하고 있을 때, 가타자와가 목소리를 냈다.

“콜센터의 경비 분석을 보니 5년 전부터 연수 비용이 없어졌네요. 이유가 뭡니까?”

“원래는 오퍼레이터가 영어나 IT 전문 지식을 공부하고 싶을 때 외부 연수를 받는 좋은 제도가 있었어. 하지만 이용하는 사람이 소수에 불과해서 5년 전에 폐지됐지.”

니시다가 씁쓸하다는 듯이 대답했다.

“소수라니 어느 정도입니까?”

“1년에 두세 사람인가. 물론 업무 능력을 키우고 싶은 사람이 이용

했겠지만."

"왜 그랬을까……."

다우치가 낮게 읊조리자, 니시다가 듣다 말고 대답했다.

"하지만 당시 설문조사에서도 대부분이 '이용하지 않는다'라고 응답했고, 연수 제도를 폐지해도 별다른 불평은 나오지 않았어!"

"그런가……."

니시다의 기세에 눌린 다우치에게 아오이가 지체 없이 물었다.

"다우치 주임님, 우려하는 바를 좀 더 구체적으로 말씀해주시겠어요? 무엇이 마음에 걸렸나요?"

"음…, 연수 제도가 없어졌다는 건 인재 육성에 대한 회사 차원의 관심이 줄었다는 뜻이잖아? 그렇다면 업무 의욕이 강한 오퍼레이터는 우리 회사를 꺼리지 않을까 싶기도 하고……."

다우치의 지적은 일리가 있어 보였다.

"충분히 있을 수 있는 얘기야. 의욕이 있는 오퍼레이터는 연수 제도가 잘 마련된 타사로 빠져나갔을지도 몰라. 장기적 안목에서 보자면 꽤 심각한 문제인걸."

고다가 고개를 끄덕이며 동조했다.

"확실히 최근에 좋은 인재가 들어오지 않는다는 느낌이… 채용에 어느 정도 영향을 미치는지 조사해볼게."

"니시다 팀장님 잘 부탁드려요. 잊어버리지 않게 적어둘게요."

'채용에 미치는 영향을 조사한다'라고 아오이는 해야 할 일을 필기했다.

종료 조건

고객만족도 저하의 원인과 그렇게 된 이유가 명확하게 밝혀진 상태.

의제

1. 종료 조건과 진행 방식을 확인한다.　　5분
2. 만족도 저하의 사실 확인　　　　　　40분
   - 고객 의견 청취 결과
   - 콜센터 상황 확인
   - 요인 특정
3. 원인 규명　　　　　　　　　　　　40분
4. 정리　　　　　　　　　　　　　　5분

의견 청취 결과 공유
   - 대기업 5~6개사
   - 전화 서포트◯
   - 오퍼레이터 대응◯
   - 기술 직원 대응✕

   질문 훈련하지 않았나?
   - 기술자들이 훈련받기 싫어한다.

   ● 해외 콜센터 대응 ✕
   - 대응 매뉴얼 제공
   - 매뉴얼 개정은 현지에 맡김

   결론 현지 상황을 조사한다. → 다우치

콜센터의 실태

- 오퍼레이터 능력이 향상되었다.
- 고객을 기다리게 하지 않는다.

질문 오퍼레이터의 부담이 늘어난다?

질문 대응이 소홀해지지 않았나?

질문 수치가 나왔는가?

질문 연수 비용이 없어진 이유는 무엇인가?
  → 연수 제도를 폐지했기 때문이다.
  → 이용하는 사람이 적다, 1년에 2~3명

질문 연수 제도가 없는데 좋은 오퍼레이터를 채용할 수 있을까?
  가능성 있음, 장래 오퍼레이터 능력✕
  → 장기적으로 보면 문제

결론 채용에 미치는 영향을 조사한다. → 니시다 아오이와 가타자와는 지금까지 배운 퍼실리테이션 스킬을 총동원했다. 야구치에게 배운 '호감 가게 웃는 얼굴'로 퍼실리테이션하는 것도 잊지 않았다. 이렇게 해서 화이트보드가 필기로 가득 채워질 즈음, 마침내 결론이 나왔다.

"그러니까, 결론을 정리하면⋯⋯."

다우치가 필기 내용을 눈으로 훑으면서 혼잣말하는 것을 보고 아오이가 결론을 정리했다.

"고객만족도 저하의 요인은 세 가지입니다. 첫 번째는 기술 직원의 전화 대응 스킬 부족. 여기예요."

필기를 손으로 가리키면서 확인했다.

"두 번째는 해외 콜센터의 역부족이겠네요. 본사와의 연결 고리가 약해서 고객 대응에 필요한 정보를 제공하지 않았을 가능성이 있습니다. 세 번째는 간접적인 요인인데, 콜센터 업무 개선의 축이 될 능력 있는 인재의 채용과 육성이 안 되고 있을 가능성이 있습니다."

가타자와가 고개를 크게 끄덕였다.

"그렇군. 단, 두 번째와 세 번째는 사실 확인을 위해 추가 조사가 필요할 것 같아요."

"이렇게 하니까 알기 쉽잖아. 오늘의 목표에 제대로 도달했다. 그렇지 않아?"

니시다가 진심으로 감탄했다.

"다음 회의는 이 세 가지 문제의 해결책을 논의하면 되겠군!"

고다가 서둘러 자리에서 일어났다.

"자, 이걸로 회의 종료! 속이 다 시원하다! 과연 아오이야!"

"그래그래, 지난번보다는 낫네."

고다도 드물게 환한 웃음을 지었다. 회의실은 기분 좋은 만족감과 훈훈한 열기로 가득 찼다.

모두가 빠져나간 회의실. 긴장에서 해방된 아오이는 혼이 빠져나간 듯이 보였다.

"정말 다행이야… 선배, 고맙습니다. 준비가 이렇게 중요하다니. 선배의 도움으로 굉장한 회의를 경험했어요."

두 시간이나 사람들 앞에서 퍼실리테이션을 했으니 진이 다 빠져도 무리가 아니다. 혼이 빠져나간 아오이와는 대조적으로 가타자와의 흥분은 최고조에 달했다.

"최고의 결과였어. 우리도 이렇게 충실한 회의를 할 수 있다니! 아오이 덕분이야!"

"다 선배님이 잘 이끌어준 덕분이에요."

"정말로 잘됐어. 모두가 뜨겁게 논의하면서도 뭐라고 할까, 같은 방향을 향하니까 덜 지치고 말이야. 각자 제 할 말만 하지 않고 뜻을 모아가면서 어느덧 하나의 결론에 다다른 느낌이랄까? 참가자 모두 하나가 된 느낌이 들더라. 늘 이렇게 충실한 회의를 할 수 있다면, 정말로 회사가 바뀔 거야. 회의를 하면서 자는 사람도 사라지겠지."

"네. 딴짓할 틈도 없을 테니까요."

아오이가 빙그레 웃었다.

하지만 마냥 기뻐할 수만은 없었다. 다음 회의에서 구체적 해결 방안을 마련해 호리이 상무에게 보고하지 않으면 안 된다. 아직 넘어야 할 산이 남아 있는 것이다.

"다음에도…, 잘될까요……."

아오이는 불안한 듯 가타자와를 올려다보았다.

그 시선에 응답하듯 가타자와는 아오이를 마주 보고 힘차게 말했다.

"당연하지! 우리라면 할 수 있어."

"네, 그렇죠! 회의로 회사를 바꿉시다! 어서 다음 회의를 사전 준비해야죠!"

신규 프로젝트와 결혼,
두 마리 토끼를 잡았다

새로운 서비스 개발 프로젝트팀으로 발탁

고층 빌딩들 사이로 귀가를 서두르는 직장인들의 모습이 아른거렸다. 이곳 20층의 회의실에서는 그들이 손가락만 하게 보였다. 눈앞에는 붉게 물든 하늘이 펼쳐 있었다. 고다는 창밖을 바라보면서 미즈구치 과장을 기다렸다.

호리이 상무가 고객서비스과를 한바탕 뒤집고 나서 벌써 몇 개월이 흘렀다. 아오이와 가타자와가 회의를 멋지게 퍼실리테이팅해 호리이 상무를 설득하는 데 성공했다. 그 무렵부터 부서 회의가 몰라보게 나아졌다. 이전처럼 합의되지 않고 장황하게 늘어지는 회의가 사라지자, 고다도 두 사람의 노력이 만든 결과를 인정하지 않을 수 없었다.

그런 와중에 "잠시 할 이야기가 있어" 하고 미즈구치가 고다를 불렀다. 보통은 미즈구치 자리에서 미팅하고, 회의실에서 따로 만나는 경우는 드물었다.

무슨 이야기를 하려고 그러나? 어쩌면 부서 이동에 관한 일일지도 모른다고 고다는 생각했다. 미즈구치 아래서 벗어나는 것이 오랜 염원이었다. 예전부터 일을 통째로 떠넘기는 무책임한 미즈구치와는 업무 스타일이 맞지 않았다. 그래서 부서 이동에 관해서라면 대환영이었다. 그런 생각을 하고 있는데 미즈구치가 들어왔다.

"오, 기다렸어? 석양이 아름답군. 자, 앉지."

미즈구치가 의자에 앉으면서 말했다. 입구에서 가까운 자리에 앉은 고다는 석양빛을 받아 붉게 물들었다.

"이렇게 따로 부르다니 무슨 일입니까? 뭐 재미있는 이야기라도 있습니까?"

"그래, 알고 있는 줄 알았는데? 결론부터 말하면 부서 이동에 관해서야."

드디어 왔다! 고다는 마음속으로 환호성을 질렀다.

"상품개발부가 다음 달에 신규로 서비스 개발 프로젝트를 출범한다고 하더군. 부서를 가리지 않고 전사적으로 인재를 뽑을 거라서 몇몇 부서에서 팀원을 차출하려는 모양이야."

"신규 서비스를 한다, 한다 말만 하고 여태까지 아무것도 안 하더니 결국 하기는 하려는 모양이죠? 보통 일이 아니겠는데요."

상품개발부에서는 몇 년 전부터 신규 서비스를 시작한다는 소문이 돌았다. 하지만 부장이 바뀔 때마다 신규 서비스 개발이 화제에 올랐다가 이내 사그라들곤 했다.

"그래. 이번에는 진짜로 시작하는 모양이야. 그래서 말이야, 우리 과에서도 인원을 보내달라는 요청이 왔어."

"개발 초기부터 고객 서비스를 생각하는 겁니까? 아주 특별한데요."

"그런 면도 없지 않지만 진짜 이유는 따로 있어. 최근에 우리 부서가 이끄는 회의가 내용이 알차다고 소문이 자자한 모양이야. 회의에 참석한 타 부서 사람들이 여기저기서 칭찬하는 소리가 간부들 귀에까지 들어갔다고 들었어."

미심쩍어하는 고다에게 미즈구치가 설명했다.

"신규 서비스를 개발하게 되면 부서 간 업무 조정도 보통 일이 아니겠지? 기존의 서비스와 겹치는 부분을 조율하면서, 그 사이에 각 본부의 이해와 협력을 구하지 않으면 안 돼. 모르긴 몰라도 각 부서 간 회의가 날마다 줄을 이을걸. 그래서 회의를 잘한다고 소문이 난 우리 부서에 특별히 요청한 거야."

"음, 그렇군요……."

"그래서 나는 자네가 적임이라고 생각했어."

"좋은 제안이로군요."

고다는 눈을 지그시 감고 팔짱을 꼈다. 확실히 구미가 당기는 제의였다. 콜센터에 모이는 고객의 목소리는 신규 서비스 개발에 중요한 자료로 활용할 수 있다. 프로젝트 자체도 재미있을 것 같다. 무엇보다 미즈구치 손아귀에서 벗어날 수 있다. 거절할 이유가 없는 제안이었다. 하지만 마음속으로는 짧은 시간에 이런저런 생각을 했다.

확실히 우리 회의는 나아졌다. 그건 명백히 스즈카와의 공이야. 고다는 처음에는 어차피 아무것도 변하지 않을 거라며 아오이의 행동을 차갑게 바라보았다. 하지만 회의의 내용과 성과는 확실하게 개선되었다. 신입사원인 그녀는 현실에 만족하지 않고 변화를 택했다. 그 결과, 업무에서 성과를 내고 주변에 좋은 영향을 끼쳤다. 고다도 그 영향을 받기 시작한 사람 중 하나이다.

"현실에 만족하면 아무것도 나아지지 않는다."

그 옛날, 고다가 미즈구치에게 목이 터져라 했던 말이었다. 하지만 얼마 전까지 스스로도 그런 마음을 완전히 잊고 살았다. 자신의 잘못을 남 탓으로 돌리거나, 업무에서도 나태해진 결과이리라.

인정하고 싶지 않지만 이번에는 스즈카와에게 배운 것이 많아. 회의뿐만 아니라 일하는 자세와 열정도 많은 자극이 되었어. 마냥 철없고 밝기만 한 신입사원인 줄로만 알았는데 보통이 아니었어. 여기서 도망치면 나만 꼴사납지. 전에 시도하려다 포기한 개혁안이 몇 개 남았더라. 그것을 여기서 잘 마무리해야 회사에서 내 입지도 탄탄해질 거야.

고다는 조용히 눈을 뜨더니 석양을 눈부시게 바라보았다.

"과장님, 사실 저는 상품 개발에 관심이 없습니다. 지금 생각났는데 스즈카와가 서비스 개발에 관심이 있다고 했어요. 회의도 스즈카와가 해야 순조롭게 잘 돌아가고요. 스즈카와를 추천하겠습니다."

"하지만 자네, 개발부에 가고 싶다고 하지 않았나?"

"그랬나요? 아무튼 스즈카와가 적임자입니다. 스즈카와를 보내야 해요. 잘 부탁드립니다. 저는 다음 회의가 있어서 이만."

빠르게 말하고는 미즈구치의 대답도 듣지 않고 회의실을 빠져나갔다. 회의실 밖은 이미 어스름이 깔리고 있었다.

"이걸로 그동안 힘들게 한 빚은 갚았다, 아오이."

고다는 혼잣말을 하면서 천천히 자신의 자리로 걸음을 옮겼다.

아오이와 가타자와의 교제 사실 발표

일주일 후.

회사 근처에 있는 선술집에 고객서비스과 일동이 모였다.

"이야, 입사 2년 차인 아오이가 상품개발부라니."

"스즈카와 씨라면 잘 해낼 거예요!"

상품개발부로 정식 발령이 난 아오이의 송별회였다. 고다가 부서 이동 제안을 거절하고 나서 미즈구치가 아오이를 보내기로 결정한 것이다. 아오이에게는 깜짝 놀랄 만한 소식이었다. 여러 사람들에게 격려의 인사를 받았으나 전례가 없는 발탁 인사인 만큼 그녀 자신도

얼떨떨했다.

"잘됐다. 열심히 해."

다우치가 축하해주었다.

미즈구치도 술을 마셔 불콰해진 얼굴로 격려해주었다.

"신규 프로젝트는 아주 힘들다는 얘기가 있어. 회의만이 아니라 업무 관련 자료도 산더미처럼 작성해야 할 거야. 열심히 단련하고 오라고. 언제든지 환영이야."

니시다는 변함없이 밝았다.

"난 아오이 씨가 꼭 위로 올라가야 하는 인재라고 생각했는걸!"

여러 사람들이 아오이에게 축하를 해주었다.

"스즈카와는 이제 부서를 옮기면 죽도록 고생할 텐데. 곁에서 열심히 응원이나 하자고."

고다는 속으로 자신도 이제 열심히 일을 하겠노라고 다짐했다.

"그렇죠. 고생하겠지만 열심히 하겠습니다."

아오이가 소매를 힘차게 걷어 올렸다.

"그런데 왜 스즈카와래? 내가 더 적임인데. 인사부도 보는 눈이 없다니까. 뭐, 이왕 이렇게 된 거 열심히 일해서 나쁠 거는 없지. 괜히 우리 과에 먹칠하지 말고."

고다가 웃으면서 하는 말에 아오이도 농담으로 맞받았다.

"차라리 그냥 주임님이 가시지 그러세요?"

"내가 빠지면 누가 우리 과를 책임진단 말이야?"

"그런 거라면 제가 책임지겠습니다."

가타자와가 슬쩍 끼어들었다.

"이 몸이 슈퍼 퍼실리테이션으로 과를 이끌어가겠습니다! 누가 뭐래도 나는 천재니까!"

가타자와는 퍼실리테이션에 완전히 자신감이 붙은 듯했다.

"그러면 주말에 있을 미팅에서도 퍼실리테이션 잘 해주셔야 해요. 기대하겠습니다!"

아오이가 장난기 어린 표정으로 말했다.

"아니…, 그게……."

"응? 주말에, 휴일 출근이라도 하는 거야?"

"아, 아니… 그게."

말을 더듬는 가타자와는 아랑곳하지 않고 아오이가 경쾌하게 대답했다.

"주말에 우리 집에 인사하러 올 거예요."

"어? 그러니까, 소문이 사실이었네. 벌써 인사하러 간다면 결혼은 언제 하나?"

고다가 눈을 크게 뜨며 약간 장난스럽게 웃었다.

"뭐, 그렇게 됐습니다. 아아, 결혼은 퍼실리테이션과 관계가 전혀……."

"힘내요. 사전 준비 시트 쓰면 되잖아요."

머리를 감싸 쥐는 가타자와에게 눈길도 주지 않고 아오이가 신나

게 웃었다. 가타자와는 아오이의 아빠와 엄마를 모시고 정식 인사를 겸한 저녁 식사 자리를 준비하면서 꽤나 부담스러워하는 눈치였다.

두 사람의 교제 사실을 확인한 고다는 아오이를 쳐다보며 말했다.

"역시 스즈카와는 일도 남자도 제대로 잡았어. 아주 야무져! 으하하하하."

두 사람을 향한 축복과 웃음이 식당을 가득 채우며 밤이 깊어갔다.

회의 퍼실리테이션 노하우를
혁신을 바라는 독자들에게 공개

혁신을 주도하는 직업 특성상, 나는 실무 현장을 개혁하는 데 상당히 집착하는 편이다.

아무리 책을 많이 읽고 노하우를 배워도 스스로 변화하지 않으면 의미가 없다. 아무리 좋은 이론과 노하우라도 업무 현장에 연결하지 못하고 머릿속에만 넣어둔다면, 그 노하우는 '돼지 목에 진주 목걸이'에 불과하다. 이 책에서 '시작', '실행' 그리고 '진짜'에 집착하는 이유가 거기에 있다.

이 책에서 소개한 퍼실리테이션 스킬은 전부 현장의 회의실에서 나온 진짜배기이다. 책상머리에서 생각해낸 것은 하나도 없다.

각 기업의 맞춤형 프로젝트를 통해 우리가 고객의 현장을 바꾸었던 아이디어와 방법을 그대로 실은 것이다. 오랫동안 관행으로 계속된 회의는 새로운 것을 시작하기 힘든 분위기임에는 틀림없다. 그 속에서 어떻게 하면 혁신을 일으킬 수 있을까? 그것을 알기 쉽게 상상하고 이해할 수 있게 하려면 아무래도 생생한 스토리로 만들어 보여줄 필요가 있었다. 익숙하지 않은 소설 형식을 취하다 보니 집필에만 일 년 반이 넘게 걸리고 말았지만, 중간에 포기하거나 타협하지 않은 덕분에 좋은 글을 쓸 수 있었다고 생각한다.

내 명함 뒷면에는 이런 메시지가 인쇄되어 있다.

**아, 이것은 제가 깜빡 잊고 놓고 간 물건이 아닙니다.
여러분께 드릴 저의 노하우입니다.**

우리는 밥벌이 수단인 '프로젝트를 성공으로 이끄는 노하우'를 낱낱이 공개합니다. 프로젝트의 성공률을 현격하게 높이기 위해, 그리고 우리가 떠난 후에도 고객이 스스로 혁신을 추진할 수 있는 상태를 만들기 위해, 프로젝트를 성공적으로 추진하는 인재로 성장시켜드리겠습니다. 그것이야말로 진정한 혁신이라 믿습니다.

◯◯

이런 조금 이색적인 마케팅 메시지에는 우리가 중요시하는 이념이 잘 드러나 있다. 우리가 혁신 프로젝트를 지원할 때는 노하우를 숨기지 않는다. 아니, 도리어 적극적으로 공개한다. 그리고 고객에게 단단히 뿌리내리도록 우리가 직접 시범을 보여주고, 고객이 업무를 수행하면서 실제로 해볼 수 있게 유도한다.

이것은 회의 퍼실리테이션에만 국한된 것은 아니다. 프로젝트 계획 작성 방법, 자료 작성 요령, 조사 분석 방식, 대책 내는 방법, 저항 세력과 맞서는 방법, 시스템화 계획 작성 방법 등 갖가지 이론과 방법론을 제시해 고객이 마음껏 따라 할 수 있게 했다.

일반적으로 생각하면 불합리한 행동이 아닐 수 없다. 왜냐하면 이러한 노하우는 컨설팅회사의 무기이자 생계 수단이기 때문이다. 오죽하면 다른 컨설팅회사에 다니는 분이 "노하우를 오픈해서 고객에게 알려주다니 우리로서는 상상할 수도 없는 일이다"라고 말했을까.

하지만 혁신 프로젝트의 성공과 거기에 참여한 사람들의 성장은 직결된다고 생각한다. 예를 들어 우리의 프로젝트는 몇 번의 회의가 차곡차곡 쌓여서 성립한다. 그 회의가 장황하게 늘어지면 당연히 프로젝트도 장황하게 늘어진다. 만약에 팀원 모두에게 기본적인 퍼실리테이션 스킬이 있다면 자연히 내실 있는 회의를 할 수 있을 것이다.

그리고 우리가 지원하지 않아도 스스로 내실 있는 혁신을 일으킬 수 있을 것이다. 이것이야말로 진정한 혁신이라고 생각한다.

우리가 프로젝트를 통해 고객 하나하나의 성장을 중요시하며 적극적으로 노하우를 공개하는 이유이다. 프로젝트에 참가하는 모든 사람의 눈부신 혁신을 위해.

이 책을 계기로, 여러분에게도 뭔가 변화가 일어나기를 간절히 바란다. 내가 할 수 있는 것은 다 했다. 나머지는 여러분에게 달렸다. 건투를 빈다.

세상에서 가장 쉬운
회의 퍼실리테이션

초판 1쇄 인쇄 │ 2019년 10월 5일
초판 1쇄 발행 │ 2019년 10월 8일

지은이 │ 사카마키 료
옮긴이 │ 전경아
펴낸이 │ 황보태수
기획 │ 박금희
교열 │ 양은희
디자인 │ 호기심고양이
인쇄 · 제본 │ 한영문화사
펴낸곳 │ 이다미디어
주소 │ 경기도 고양시 일산동구 정발산로 24 웨스턴타워1차 906-2호
전화 │ 02-3142-9612
팩스 │ 0505-115-1890

이메일 │ idamedia77@hanmail.net
블로그 │ http://blog.naver.com/idamediaaa
네이버 포스트 │ http://post.naver.com/idamediaaa
페이스북 │ http://www.facebook.com/idamedia
인스타그램 │ http://www.instagram.com/ida_media

ISBN 979-11-6394-024-1 14320
      979-11-6394-022-7 (세트)